알기 쉬운
구조방정식모형
R, jamovi, JASP 프로그램

황성동 저

Easy Structural Equation Modeling with R, jamovi, JASP

학지사

머리말

구조방정식모형은 비교적 역사가 짧은 분석 기법으로 고급 통계 기법으로 분류된다. 따라서 연구자들이 한 번에 쉽게 이해하기보다는 시간을 두고 여러 차례 반복적인 학습이 필요하다. 또한, 새로운 분석 기능이 계속해서 추가되고 있다. 이기법은 교육학, 심리학, 경영학 등 다양한 사회과학 분야뿐만 아니라 의과학 분야에서도 폭넓게 활용되고 있다.

구조방정식모형 분석에 사용되는 프로그램으로 AMOS, Mplus 등이 있지만, 이들은 상업용 프로그램으로 비용이 상당하여 연구자나 학생들이 접근하기에 어려움이 있었다. 이에 따라 구조방정식모형을 활용한 데이터 분석을 경제적 부담 없이 쉽게 수행할 수 있는 방법을 모색하게 되었다. 다행히 R 프로그램의 lavaan 패키지가 개발되었고, 이어 R 기반의 jamovi와 JASP 프로그램에서도 비교적 간편하게 구조방정식 기능을 사용할 수 있게 되었다. 이러한 발전이 이 책을 저술하게 된 주요 배경이다.

이 책은 크게 네 개의 장으로 구성되어 있다. 제1장에서는 구조방정식모형에 대한 이해로 구조방정식모형의 이해, 특성, 구성 및 분석 과정을 서술하였다. 제2장에서는 R을 이용한 구조방정식모형 분석에 대한 내용을 다루고 있고, 제3장에서는 jamovi를 통해 구조방정식모형을 활용하도록 그 내용을 구성하였다. 끝으로 제4장에서는 아직도 많이 알려지지 않은 JASP 프로그램을 통해 구조방정식모형을 다양하게 분석할 수 있도록 준비하였다.

앞서 서술한 바와 같이 연구자들이 프로그램에 대한 비용 부담 없이 비교적 친근하게 구조방정식모형에 접근하고 활용할 수 있도록 하는 것이 이 책을 출간하게 된 가장 중요한 목적이라고 할 수 있다. 따라서 자세한 이론적 설명은 가능한 줄이고 쉽게 따라 할 수 있도록 예시를 충분히 제시함으로써 친근하게 구조방정식모형을 학습할 수 있도록 하는 데 중점을 두었다. 그리고 구조방정식모형에서 가장 많이 활용하는 기본적인 모델을 중심으로 내용을 구성하였다.

이 책이 출간되기까지 많은 분의 도움이 있었다. 무엇보다 매 순간 귀한 은혜를 주신 하나님께 깊은 감사를 드린다. 그리고 무료로 사용할 수 있도록 탁월한 프로그램 ─ R, jamovi, JASP ─ 을 만들어 준 연구자와 개발자들에게 감사하고 싶다. 또한 강의 시간에 좋은 질문과 코멘트를 해 준 연구자들과 학생들에게도 고마움을 느낀다. 특히 이 책을 기꺼이 출간해 준 학지사 김진환 사장님과 어려운 편집 작업을 매끄럽게 수행해 준 김순호 편집이사님께도 심심한 감사를 드린다. 끝으로 힘들고 지칠 때 마다 많은 격려와 아낌없는 지지를 해 준 가족에게 고마움을 전하고 싶다.

2025. 1.
황성동

차례

❖ 머리말　3

제1장 　구조방정식모형에 대한 이해　7

1 구조방정식모형의 이해 _ 9
2 구조방정식모형의 특성 _ 12
3 구조방정식모형의 구성 _ 15
4 구조방정식모형의 분석 과정 _ 17

제2장 　R을 이용한 구조방정식모형　25

1 확인적 요인분석 _ 28
2 구조방정식모형 _ 35
3 모형 수정 _ 41
4 매개효과모형 _ 47

제3장   jamovi를 이용한 구조방정식모형   59

1 경로분석 _ 61
2 확인적 요인분석 _ 71
3 구조방정식모형 _ 86
4 모형 수정 _ 98
5 매개효과모형 _ 107
6 다집단 분석 _ 116

제4장   JASP을 이용한 구조방정식모형   125

1 확인적 요인분석 _ 129
2 구조방정식모형 _ 137
3 매개효과모형 _ 146
4 MIMIC모형 _ 159
5 잠재성장모형 _ 167

부록   183

1 R 설치하기 _ 185
2 jamovi 설치하기 _ 191
3 JASP 설치하기 _ 195

✤ 참고문헌 200
✤ 찾아보기 202

제1장

구조방정식모형에 대한 이해

1 구조방정식모형의 이해

2 구조방정식모형의 특성

3 구조방정식모형의 구성

4 구조방정식모형의 분석 과정

1. 구조방정식모형의 이해

구조방정식모형(Structural Equation Modeling: SEM)은 실제 측정된(관찰된), 측정변수로 구성된 다수의 회귀모형을 통해 인과적 관계를 동시에 검정할 수 있는 경로분석(Path Analysis)의 구조에 요인분석(Factor Analysis)을 통해 밝혀진 측정되지 않은 잠재 요인들의 관계를 검정할 수 있는 분석방법이다. 이 모형은 교육학, 심리학, 경영학, 사회복지학, 간호학 등 다양한 학문 분야에서 널리 사용되고 있다. 최근에는 구조방정식모형이 잠재적 요인 간의 관계를 검정한다고 해서 잠재변수모형(Latent Variable Modeling: LVM)으로도 부르고 있다(Beaujean, 2014; Finch & French, 2015, Rosseel, 2012). 즉, 구조방정식모형은 회귀분석과 요인분석의 결합으로 다음과 같이 모형화 할 수 있다.

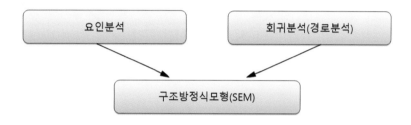

그리고 회귀분석, 경로분석, 요인분석, 구조방정식모형의 발전적 구성은 다음 그림과 같이 간단히 제시할 수 있다.

1) 회귀분석: 측정변수인 독립변수와 종속변수의 관계를 분석

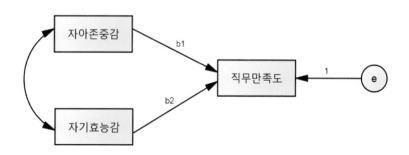

2) 경로분석: 측정변수인 여러 개의 종속변수와 독립변수 간의 관계 분석

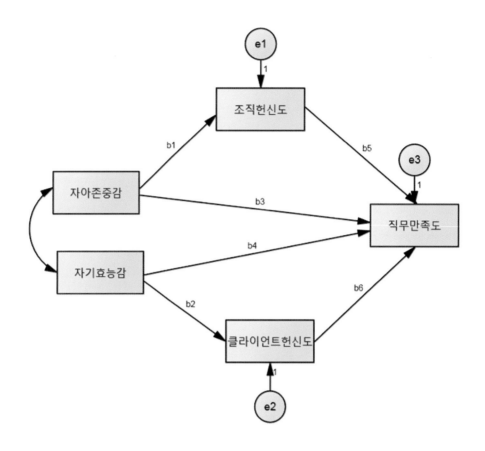

3) 탐색적 요인분석(EFA): 잠재변수와 측정변수 간의 관계를 탐색

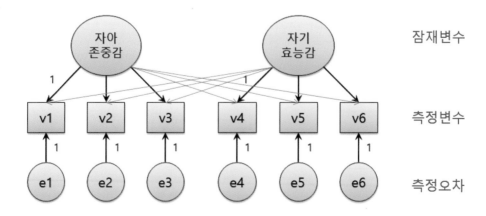

측정변수를 measured variables, observed variables, manifest variables, 또는 indicators라고도 부르며, 잠재변수는 latent variables라고 한다. 그리고 측정오차는 잠재 요인에 의해 설명되지 않는 측정변수의 오차를 의미한다.

4) 확인적 요인분석(CFA): 잠재변수와 측정변수 간의 관계(모형)를 확인

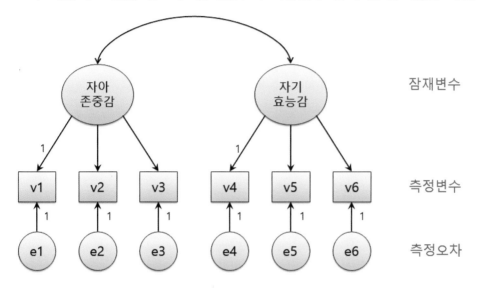

5) 구조방정식모형: 경로분석과 요인분석을 기초로 잠재변수 간의 관계를 검정

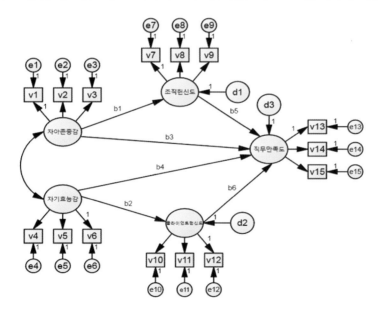

2. 구조방정식모형의 특성

　구조방정식모형은 여러 특성과 장점이 있지만 이를 간단히 요약하면 다음과 같이 제시할 수 있다(홍세희 2007; Rosseel, 2014).

1) 측정오차의 통제 가능

　구조방정식은 경로분석에 비해 측정오차를 통제할 수 있는 장점이 있다. 즉, 측정변수에서는 일반적으로 측정오차가 있기 마련이고, 측정변수를 활용하는 경로분석에서는 이 측정오차를 통제할 방법이 없지만 구조방정식에서는 요인분석을 통해 잠재 요인에 의해 설명되지 않는 측정오차(measurement error)를 고려할 수 있는 장점이 있어 모형 추정이 더 정확하다고 하겠다. 예를 들어, 측정변수 v1의 경우 잠재요인인 자아존중감에 의해 설명되지 않는 오차 e1을 고려해서 분석할 수 있다. 즉, v1=자아존중감+e1으로 설명된다고 하겠다.

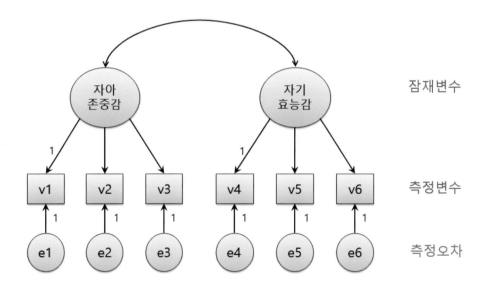

2) 매개변수의 사용 용이

일반적인 회귀분석에서는 매개변수(mediators)의 사용이 용이하지 않지만(물론 여러 개의 회귀모형을 통해 매개효과 분석이 가능하지만) 기본적으로 경로분석에 바탕을 둔 구조방정식모형에서는 여러 변수 간의 관계에서 매개효과를 쉽게 검정할 수 있다.

다음 그림에서 ses가 67_alienation(매개변수)을 통해 71_alienation에 미치는 매개효과를 쉽게 검정할 수 있다(Wheaton et al., 1977).

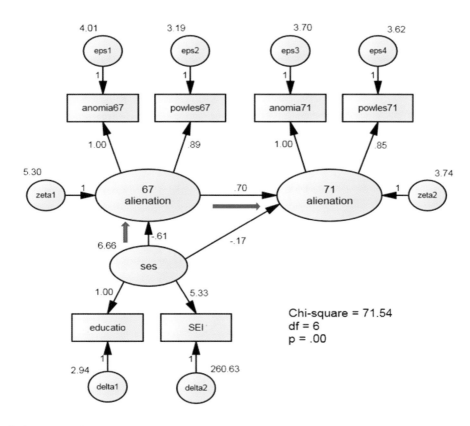

출처: Arbuckle (2014).

3) 이론적 모형에 대한 통계적 평가 가능

연구자가 이론적으로 설정한 모형에 대해 수집한 데이터를 가지고 모형에 대한 통계적 평가를 쉽게 할 수 있다. 즉, 다양한 적합도 지수를 활용하여 분석한 모형에 대한 평가를 통해 모형의 적합성을 평가할 수 있다.

다음은 ADHD에 대한 교사의 지식이 공감에 영향을 주어 교사의 중재에 영향을 미친다는 이론적 모형을 통계적으로 검정한 사례다.

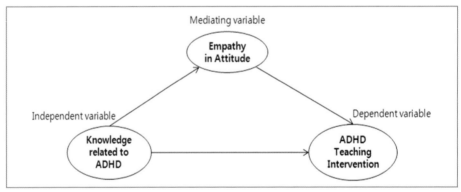

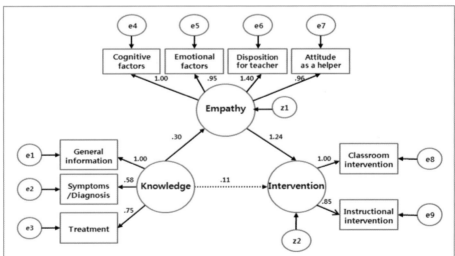

Model fitness	x^2	df	p	CFI	TLI	RMSEA
Statistic value	31.09	24	.151	.99	.99	.03

CFI=comparative fit index; TLI=Tucker-Lewis index; RMSEA=root means square error of approximation.

출처: 박완주, 황성동(2013), pp. 47, 51-52.

3. 구조방정식모형의 구성

　구조방정식모형을 이해하려면 몇 가지 주요 개념과 그 구성을 먼저 이해할 필요가 있다. [그림 1-1]에서 보는 바와 같이 잠재변수는 원으로 표시하며, 측정변수는 사각형으로 표시한다. 따라서 Knowledge, Empathy, Intervention은 잠재변수에 해당되고 General information, Symptoms, Treatment 등은 측정변수에 해당되며, e1, e2 … e9은 측정오차에 해당된다. 측정오차는 앞서 설명한대로 측정변수의 잔차(residuals)를 의미하며, 공통요인, 즉 잠재변수에 의해 설명되지 않은 부분을 의미한다.

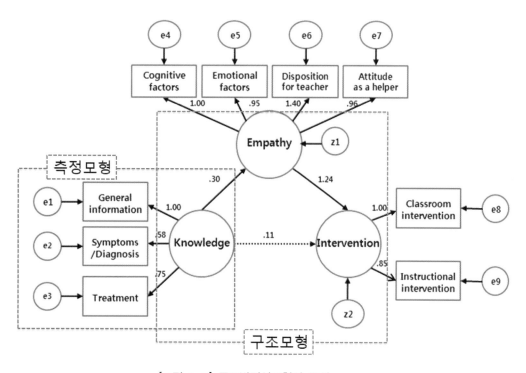

[그림 1-1] 구조방정식모형의 구성

　그리고 구조방정식에서는 독립변수와 종속변수의 개념을 외생변수와 내생변수로 표시하는데, 내생변수(endogenous variable)는 다른 변수에 의해 설명되는 변수를 의미하며, [그림 1-1]에서 Empathy와 Intervention이 내생변수에 해당한다. 반면에 외생변수(exogenous variable)는 다른 변수에 의해 설명되지 않는 변수를 의미하며, [그림 1−1]에서 Knowledge에 해당한다.

한편, 오차변수는 모든 내생변수에 의해서만 설정되므로 Empathy와 Intervention에 대해서 오차변수인 z1, z2가 설정되어 있다. 예를 들어, z1은 외생변수인 Knowledge에 의해 설명되지 않은 남은 부분(residuals)이라고 할 수 있다. 그리고 모형에서 추정하고자 하는 값을 (자유)미지수(free parameter)라고 부르며, 회귀계수(요인계수), 분산, 공분산이 미지수에 해당한다. [그림 1−1]에서 .30, 1.24, .11, .58, .75 등의 수치는 미지수(추정된 값)에 해당한다고 하겠다. 구조방정식모형에서 미지수를 추정하는 방법은 보통 최대우도법(Maximum Likelihood: ML)을 사용하는데, 이 방법은 변수들의 다변량 정규분포를 가정하며 (모형으로부터 얻은) 추정값과 (표본으로부터 얻은) 실제값의 차이를 최소화하면서 미지수를 추정하는 방법을 의미한다(Rosseel, 2012).

그리고 잠재변수와 측정변수 사이의 관계를 추정하는 측정모형에서는 하나의 요인계수(주로, 첫 번째 요인계수)를 1.0으로 고정하는데, 이는 잠재변수에 척도 단위를 부여하기 위해 고정된 값이 필요하기 때문이다. 한편 구조모형은 잠재변수 간의 인과적 관계를 추정하는 모형을 의미하며, 구조방정식모형은 측정오차를 통제하면서 잠재변수 간의 관계를 설명하는 데 관심을 가진다고 말할 수 있다(Rosseel, 2023b).

4. 구조방정식모형의 분석 과정

구조방정식모형의 분석 과정 및 절차는 다음과 같이 요약할 수 있다(홍세희, 2007; Beaujean, 2014).

---

① 모형 설정 및 확인
- 연구가설 설정(변수 간 관계 구성)
- 모형 설정하기: 측정변수와 잠재변수의 관계 설정
- 모형 확인: 추정할 미지수(parameters) 확인

② 모형 추정(미지수 추정)
- 분석 프로그램을 이용하여 모형 분석 및 미지수 추정

③ 모형 평가(검정) 및 수정
- 모형 평가하기(모형 적합도)
- 모형 수정하기
- 경쟁모형 도입하기

---

1) 모형 설정 및 확인(Model specification and identification)

우선, 연구가설 설정의 예를 들면 다음과 같이 사회경제적 지위(SES)가 사회적 소외(alienation)에 영향을 주며, 과거의 사회적 소외(67_alienation) 또한 현재의 사회적 소외(71_alienation)에 영향을 주는 것으로 연구가설을 설정할 수 있다.

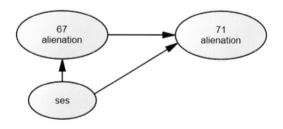

이어서 모형 설정에서는 SES, 67_alienation, 71_aienation의 관계를 각 측정오차를 통제한 상태에서 관계를 분석하고자 한다. 그리고 각 잠재변수에 대한 측정

변수 설정에는 일반적으로 잠재변수 당 측정변수를 2~5개 설정하는데, 여기서는 각 잠재변수 당 2개의 측정변수를 설정하였다. 그래서 분석모형을 다음과 같이 만들 수 있다.

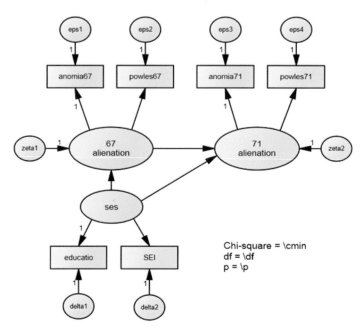

출처: Arbuckle (2014).

여기서 미지수 설정은 내생변수에만 오차변수를 설정하므로 67_alienation과 71_ alienation에 Zeta1, Zeta2를 설정하고, 이어서 요인계수, 회귀계수, (외생변수) 분산을 자유미지수로 설정한다. 그리고 모든 측정변수에 측정오차(delta1, delta2, eps1 … eps4)를 설정하고 오차변수의 계수는 모두 1로 고정한다. 아울러 잠재변수에 척도 단위를 부여하기 위해 각 잠재변수의 첫 번째 요인계수를 1로 고정한다.

이어서 모형을 확인(model identification)할 때는 주어진 정보(예, 변수의 평균, 분산, 공분산 등)의 수, 즉 추정 가능한 모든 미지수의 수(p)와 추정할 미지수의 수(q)를 확인하게 되는데, 연구에서 관찰변수의 수를 k라고 할 때 추정 가능한 모든 미지수의 수 $p=k(k+1)/2$가 되며, $p-q$를 자유도(degrees of freedom: df)라고 한다.

　　여기서 독립모형(baseline model)은 변수들의 관계에 대해 전혀 추정하지 않고 측정변수의 분산만을 추정하는 모형을 의미하며, 포화모형(saturated model)은 모든 미지수를 추정하는 모형으로 자유도＝0인 모형(just−identified model)을 의미한다. 이런 가운데 우리가 추정하고자 하는 분석모형(target model)은 추정할 미지수가 추정 가능한 모든 미지수의 수보다 작은, 즉 자유도＞0인 모형(over−identified model)을 의미한다. 이 경우 모형의 적합도 지수는 의미 있는 통계치가 된다. 우리가 모형을 추정할 때는 설명력과 아울러 간명성을 고려하는 것이 일반적이므로 적은 미지수로 좋은 적합도 모형을 추구하는 것이 필요하다. 한편 부정모형(under−identified model)은 주어진 정보의 수, 즉 추정 가능한 모든 미지수의 수가 추정할 미지수의 수보다 적은 경우, 즉 자유도＜0인 모형을 의미한다(성태제, 2029; 홍세희, 2007; Rosseel, 2014).

2) 모형 추정(Model estimation)

　　구조방정식모형의 표본크기에 대해서 일부 연구자들은 최소한 200명 이상이 되어야 한다고 하지만 이에 대해 절대적인 기준은 없으며, 일반적으로 추정하고자 하는 미지수의 5~10배의 표본이 필요하다(홍세희, 2007). 모형분석은 다양한 구조방정식모형 프로그램(예, AMOS, Mplus, R, jamovi, JASP 등)을 이용하여 모형을 분석하게 된다. 다음은 AMOS에 있는 데이터로 모형을 추정한 결과로, 각 요인계수, 회귀계수, 오차분산 등이 추정되었음을 알 수 있다.

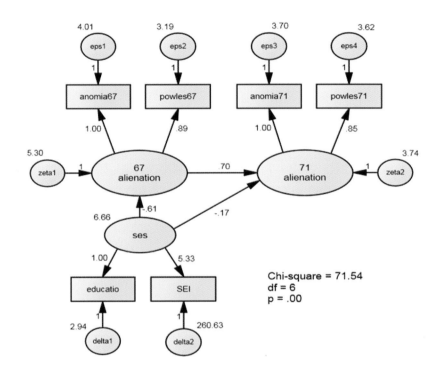

출처: Arbuckle (2014).

3) 모형평가 및 수정(Model evaluation and modification)

모형분석의 결과가 나타나면 추정하고자 하는 미지수의 값에 대한 해석을 하게
되고 이어서 모형이 적합한지를 평가하게 된다. 모형평가 방법에는 χ^2 검정과 적합
도 지수 검정 방법이 있다. 우선 χ^2값은 모형으로부터 기댓값(공분산행렬)과 데이
터로부터 관측값(공분산행렬)의 차이다. 이 차이가 커질수록 χ^2값은 커지며, 모형
의 적합도는 낮아진다고 하겠다. 하지만 χ^2값은 표본크기에 민감하며, 많은 경우
영가설(모형으로부터 추정된 공분산행렬과 표본 데이터로부터 만들어진 공분산행렬에
차이가 없다. 즉, $\chi^2 = 0$)을 기각하게 되는 매우 엄격한 검정 방법으로 적합도 평가 기
준으로는 한계가 있다. 따라서 적합도 지수(fit statistics)를 주로 활용하며, 가장 보
편적으로 활용하는 적합도 지수와 그 기준은 〈표 1-1〉과 같이 정리할 수 있다(홍
세희, 2000; Brown & Cudeck, 1992; Fabrigar et al., 1999; Rosseel, 2012).

〈표 1-1〉 모형 적합도 지수

유형	적합도 지수	기준	표본크기 영향	간명성
Goodness of fit	CFI (Comparative Fit Index)	CFI > .90	받지 않음	간명성 고려 않음
	TLI or NNFI(Non-Normed Fit Index)	TLI > .90	받지 않음	간명성 고려
Badness of fit	RMSEA (Root Mean Square Error of Approximation)	RMSEA < .05 (good fit)	받지 않음	간명성 고려
		0.05 ≤ RMSEA < .08 (acceptable fit)		
		.08 ≤ RMSEA ≤ .10 (marginal fit)		
		RMSEA > .10 (poor fit)		
	SRMR (Standardized Root Mean Square Residual)	SRMR ≤ .08	받지 않음	간명성 고려

① Goodness of fit 적합도 지수: 이 적합도 지수는 독립모형(baseline 모형)과 연구모형(target 모형)을 비교함으로써 적합도에 있어서 상대적 개선효과를 측정(relative improvement)한다. 따라서 CFI 및 TLI는 1.0에 가까울수록 적합도가 좋다고 하겠다.

② Badness of fit 적합도 지수: 이 지수는 잔차에 기초한 지수(residual based index)로서 모형이 적합하면 잔차(residuals)가 작아진다. 이 잔차는 모형으로부터 추정된 공분산 매트릭스와 관측한 표본의 공분산 매트릭스와의 차이(the difference between the model implied covariance matrix and the sample covariance matrix)를 의미하며, 여기서 RMSEA는 모집단 공분산 매트릭스에 얼마나 근접하느냐에 대한 지수인 반면 SRMR은 관측된 상관과 예측된 상관관계의 차이, 즉 평균상관 잔차(average correlation residuals)를 말한다(Muthen & Muthen, 2017). 따라서 RMSEA 및 SRMR은 0에 가까울수록 좋은 적합도가 된다.

이상의 적합도 지수는 특정한 모형에 적용되는 절대적 적합도 지수(absolute fit statistics)이며, 모형을 서로 비교할 때 활용하는 상대적 적합도 지수(relative fit statistics)로 AIC, BIC 등이 있다(Finch & French, 2015).

한편, 모형 수정은 분석한 모형이 적합하지 않을 때 수행하는데, 이때 수정지수(modification indices)로 $\chi^2 > 3.84$를 일반적인 수정을 위한 고려 기준으로 사용한다. 이런 경우는 하나의 모형을 가지고 수정 전과 수정 후의 적합도를 비교하여 모형을 수정 선택한다. 하지만 모형 수정을 할 경우에는 이론적으로 의미 있는 경우로 제한하며, 데이터를 기준으로 억지로 만든 모형이 되지 않도록 유의할 필요가 있다. 특히 수정 모형이 과도하게 적합한(overfitting) 모형이 되지 않도록 유의해야 한다. 왜냐하면 과도한 적합모형은 특정 데이터에는 적합하지만 일반적으로 적용할 수 있는 경우가 아닐 수 있기 때문이다. 모형은 통계적으로 적합도가 높은 모형을 찾는 것이 아니라 이론에 기반하여 적합한 모형을 찾는 것이 일반적이다. 따라서 모형이 특정 데이터에 적합한 모형이 아니라 일반적인 관계를 설명할 수 있는, 일반화할 수 있는 모형이 중요하다.

또한 경쟁모형을 도입하여 모형을 수정하고 평가하는 방법이 있는데, 이는 이론적으로 가능한 여러 모형을 제시하여 그중 이론적으로 그리고 통계적으로 가장 적절한 모형을 선택하게 된다. [그림 1-2]에서 아래쪽 모형은 수정 모형인데 모형의 데이터가 시계열데이터인 경우 각 측정변수(anomia67, powles67, anomia71, powles71) 간 서로 상관이 있다고 보는 것이 일반적이므로 측정변수 간 상관관계가 있는 것으로 모형을 수정하였다. 이는 통계치에 의존한 것이 아니라 이론에 바탕을 두고 수정한 사례에 해당한다고 할 수 있다. 이렇게 두 모형을 비교할 때는 두 모형이 서로 포함관계(nested) ― 즉, 한 모형에서 추정하고자 하는 미지수가 다른 모형에 모두 포함된 경우 ― 인 경우에는 χ^2 차이를 이용하여 검정할 수 있고, 두 모형이 서로 포함관계가 아닌(not nested) 경우에는 모형의 간명성을 고려하는 적합도 지수인 TLI, RMSEA 및 SRMR을 이용하는 것이 바람직하다(홍세희, 2011).

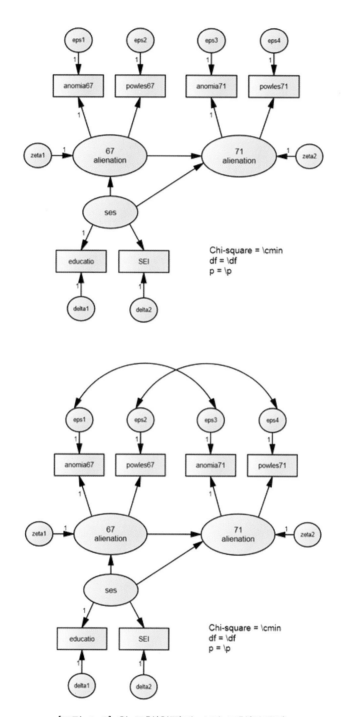

[그림 1-2] 원 모형(윗쪽)과 수정 모형(아래쪽)

출처: Arbuckle (2014).

제2장

R을 이용한 구조방정식모형

1 확인적 요인분석

2 구조방정식모형

3 모형 수정

4 매개효과모형

이제 R 프로그램을 이용하여 실제 구조방정식모형을 실행해 보자. 구조방정식
모형을 위한 R 패키지로는 lavaan, sem 등이 있으나 가장 많이 활용되는 패키지는
lavaan이다(Rosseel, 2012; Rosseel, 2023a, 2023b). 분석을 위해서는 우선 다음과 같
이 패키지를 설치하고 불러온다.

```
> install.packages("lavaan")
> library(lavaan)
```

그리고 구조방정식모형의 그림(plot)을 그리기 위해서는 semPlot 패키지가 필요
하며(Epskamp, 2017), 다음과 같이 패키지를 추가로 설치하고 불러온다.

```
> install.packages("semPlot")
> library(semPlot)
```

우선, 구조방정식모형 분석을 위한 R 명령어(syntax)는 다음과 같이 구성된다.
여기서 물결모양 '~'은 'tilde'로 읽으며, 컴퓨터 키보드 왼쪽 상단 Esc키 바로 하단
에 있다. 잠재변수모형에는 '=~'를, 회귀분석에는 '~'을 그리고 분산 및 공분산 구
성은 '~~' 부호를 사용한다. f1, f2, f3는 잠재변수이며 y1 … y10은 측정변수다.
그리고 모형의 명령어는 홑따옴표 ' '로 묶어 준다.

```
# 구조방정식모형 명령어(syntax) 구성

myModel <- '# 잠재변수(latent variables): 잠재변수 =~ 측정변수
        f1 =~ y1 + y2 + y3
        f2 =~ y4 + y5 + y6
        f3 =~ y7 + y8 + y9 + y10

        # 회귀분석(regressions): 종속변수 ~ 독립변수
        f1 ~ f2 + f3
        f2 ~ f3 + x1 + x2
        y1 + y2 ~ f1 + f2 + x1 + x2
```

```
# 분산 및 공분산(variances and covariances)
    y1 ~~ y1  # 분산
    y1 ~~ y2  # 분산
    f1 ~~ f2  # 공분산

# 절편(intercepts)
    y1 ~ 1
    f1 ~ 1'
```

1. 확인적 요인분석

우선, lavaan 패키지에 포함된 데이터 HolzingerSwineford1939를 이용하여 확인적 요인분석(Confirmatory Factor Analysis: CFA)을 실행해 보자. 이 데이터는 중학교 학생들의 지능검사 결과를 수집한 데이터로 9개의 변수로 구성되어 있다. 모형은 다음과 같이 9개의 측정변수(x1, x2 … x9)로부터 3개의 잠재변수(visual, textual, speed)가 파악되었다(Rosseel, 2023b).

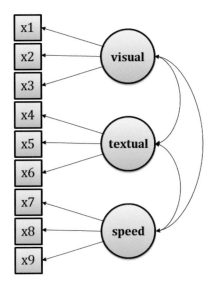

출처: Rosseel (2023b), p. 5.

그리고 확인적 요인분석을 위한 명령어는 'cfa( )' 기능을 활용한다. 다음에 제시된 명령어로 이를 실행해 보자. 먼저 데이터를 불러온다.

```
> library(lavaan)
> HS1939 <- HolzingerSwineford1939
> head(HS1939)
```

```
> setwd("E:/R")
> library(lavaan)
> HS1939 <- HolzingerSwineford1939
> head(HS1939)
  id sex ageyr agemo  school grade       x1   x2    x3       x4   x5
1  1   1    13     1 Pasteur     7 3.333333 7.75 0.375 2.333333 5.75
2  2   2    13     7 Pasteur     7 5.333333 5.25 2.125 1.666667 3.00
3  3   2    13     1 Pasteur     7 4.500000 5.25 1.875 1.000000 1.75
4  4   1    13     2 Pasteur     7 5.333333 7.75 3.000 2.666667 4.50
5  5   2    12     2 Pasteur     7 4.833333 4.75 0.875 2.666667 4.00
6  6   2    14     1 Pasteur     7 5.333333 5.00 2.250 1.000000 3.00
         x6       x7   x8       x9
1 1.2857143 3.391304 5.75 6.361111
2 1.2857143 3.782609 6.25 7.916667
3 0.4285714 3.260870 3.90 4.416667
4 2.4285714 3.000000 5.30 4.861111
5 2.5714286 3.695652 6.30 5.916667
6 0.8571429 4.347826 6.65 7.500000
```

```
> library(lavaan)
> HS1939 <- HolzingerSwineford1939
> head(HS1939)
  id sex ageyr agemo  school grade       x1   x2    x3       x4   x5
1  1   1    13     1 Pasteur     7 3.333333 7.75 0.375 2.333333 5.75
2  2   2    13     7 Pasteur     7 5.333333 5.25 2.125 1.666667 3.00
3  3   2    13     1 Pasteur     7 4.500000 5.25 1.875 1.000000 1.75
4  4   1    13     2 Pasteur     7 5.333333 7.75 3.000 2.666667 4.50
5  5   2    12     2 Pasteur     7 4.833333 4.75 0.875 2.666667 4.00
6  6   2    14     1 Pasteur     7 5.333333 5.00 2.250 1.000000 3.00
         x6       x7   x8       x9
1 1.2857143 3.391304 5.75 6.361111
2 1.2857143 3.782609 6.25 7.916667
3 0.4285714 3.260870 3.90 4.416667
4 2.4285714 3.000000 5.30 4.861111
5 2.5714286 3.695652 6.30 5.916667
6 0.8571429 4.347826 6.65 7.500000
```

그리고 lavaan syntax를 활용하여 명령어를 다음과 같이 제시한다.

```
> HS.model <- ' # latent variables
         visual =~ x1 + x2 + x3
         textual =~ x4 + x5 + x6
         speed =~ x7 + x8 + x9 '

> fit <- cfa(HS.model, data=HS1939)
> summary(fit)
```

그러면 분석 결과가 다음과 같이 나타나는데, 요인계수, 잠재변수의 분산 및 공분산, 그리고 측정변수의 오차분산이 제시되어 있다. 각 잠재변수의 요인계수는 모두 통계적으로 유의한 것으로 나타났으며, 분산 및 공분산도 모두 유의한 것으로 나타났다.

```
> summary(fit)
lavaan 0.6.17 ended normally after 35 iterations

  Estimator                                         ML
  Optimization method                           NLMINB
  Number of model parameters                        21

  Number of observations                           301

Model Test User Model:

  Test statistic                                85.306
  Degrees of freedom                                24
  P-value (Chi-square)                           0.000

Parameter Estimates:

  Standard errors                             Standard
  Information                                 Expected
  Information saturated (h1) model          Structured
```

```
Latent Variables:
                   Estimate  Std.Err  z-value  P(>|z|)
  visual =~
    x1                1.000
    x2                0.554    0.100    5.554    0.000
    x3                0.729    0.109    6.685    0.000
  textual =~
    x4                1.000
    x5                1.113    0.065   17.014    0.000
    x6                0.926    0.055   16.703    0.000
  speed =~
    x7                1.000
    x8                1.180    0.165    7.152    0.000
    x9                1.082    0.151    7.155    0.000
```

```
Covariances:
                  Estimate  Std.Err   z-value   P(>|z|)
  visual ~~
    textual        0.408     0.074     5.552     0.000
    speed          0.262     0.056     4.660     0.000
  textual ~~
    speed          0.173     0.049     3.518     0.000

Variances:
                  Estimate  Std.Err   z-value   P(>|z|)
   .x1             0.549     0.114     4.833     0.000
   .x2             1.134     0.102    11.146     0.000
   .x3             0.844     0.091     9.317     0.000
   .x4             0.371     0.048     7.779     0.000
   .x5             0.446     0.058     7.642     0.000
   .x6             0.356     0.043     8.277     0.000
   .x7             0.799     0.081     9.823     0.000
   .x8             0.488     0.074     6.573     0.000
   .x9             0.566     0.071     8.003     0.000
    visual         0.809     0.145     5.564     0.000
    textual        0.979     0.112     8.737     0.000
    speed          0.384     0.086     4.451     0.000
```

모형적합도를 제시하면 다음에서 보는 것처럼 $\chi^2 = 85.3 (p < 0.001)$, CFI=0.93, TLI=0.90, RMSEA=0.09, SRMR=0.06으로 나타나 χ^2를 제외하면 모형적합도는 비교적 적합다고 할 수 있다.

```
> summary(fit, fit.measures=T)
```

```
Model Test User Model:

   Test statistic                              85.306
   Degrees of freedom                              24
   P-value (Chi-square)                         0.000

Model Test Baseline Model:

   Test statistic                             918.852
   Degrees of freedom                              36
   P-value                                      0.000

User Model versus Baseline Model:

   Comparative Fit Index (CFI)                  0.931
   Tucker-Lewis Index (TLI)                     0.896
```

```
Root Mean Square Error of Approximation:

RMSEA                                            0.092
 90 Percent confidence interval - lower          0.071
 90 Percent confidence interval - upper          0.114
 P-value H_0: RMSEA <= 0.050                     0.001
 P-value H_0: RMSEA >= 0.080                     0.840

Standardized Root Mean Square Residual:

SRMR                                             0.065
Parameter Estimates:

 Standard errors                              Standard
 Information                                  Expected
 Information saturated (h1) model             Structured
```

```
> fitmeasures(fit, c("cfi", "tli", "rmsea", "srmr"))
  cfi   tli rmsea  srmr
0.931 0.896 0.092 0.065
```

이제 semPlot 패키지를 이용해 구조방정식모형을 그림(plot)으로 만들어 보자.

```
> library(semPlot)
> semPaths(fit, rotation=4)
```

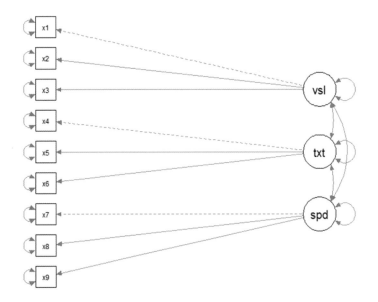

여기에 미지수의 추정값을 제시하고자 한다면 다음과 같이 미지수에 대한 추정치(estimates)를 나타내는 "est"를 추가한다.

> semPaths(fit, rotation=4, "path", "est", style="lisrel",
    edge.label.cex=0.8, edge.color="blue")

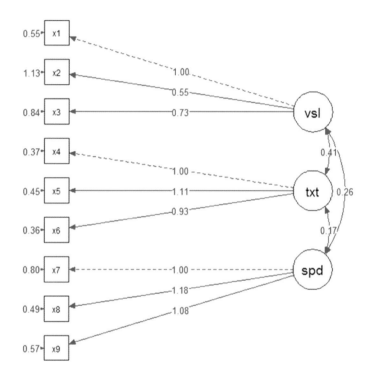

그리고 모형을 잠재변수별로 컬러로 제시하고 싶다면 다음과 같이 옵션("col", group="latents", pastel=T)을 추가한다.

> semPaths(fit, rotation=4, "col", "est", style="lisrel", edge.label.cex=0.8,
    edge.color="blue", group="latents", pastel=T)

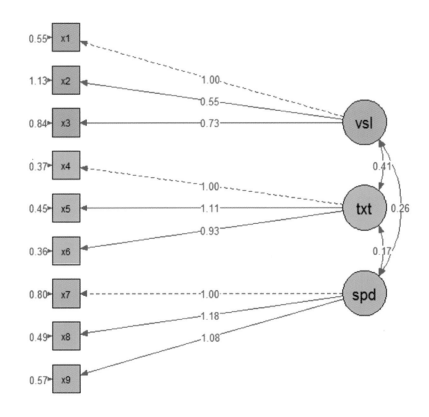

이상에서 확인하듯이 R에서는 구조방정식모형의 그림(model plot)을 바로 만들어 주기 때문에 분석 결과를 모형으로 제시할 때 매우 편리하다.

구조방정식모형 그림(plot) 만들기 명령어

- rotation: 잠재변수를 회전
- est: 미지수의 값을 제시(path와 함께)
- edge.label.cex: 미지수의 값을 확대 및 축소
- edge.color: 미지수(요인계수, 회귀계수 등) 선(line)을 컬러로
- group: 잠재변수 및 측정변수를 그룹화
- pastel: 파스텔 색상으로(col와 함께)
- style="lisrel": 외생변수의 분산을 제시하지 않음

출처: Epskamp (2017).

2. 구조방정식모형

이제 잠재변수 간의 관계를 살펴보는 구조방정식모형을 분석해 보자. 여기에 사용할 데이터 역시 lavaan 패키지에 포함된 저개발국가의 민주주의와 산업화에 관한 데이터(PoliticalDemocracy)이며, 모두 11개의 측정변수로 이루어져 있다(Bollen, 1989). 그리고 구체적인 변수에 대한 설명은 다음과 같다.

PoliticalDemocracy 데이터의 측정변수

y1: 1960년 언론의 자유
y2: 1960년 정치적 반대의사 표현의 자유
y3: 1960년 선거의 공정성
y4: 1960년 의회 운영의 효과성
y5: 1965년 언론의 자유
y6: 1965년 정치적 반대의사 표현의 자유
y7: 1965년 선거의 공정성
y8: 1965년 의회 운영의 효과성
x1: 1960년 1인당 GNP
x2: 1960년 1인당 에너지 소비량
x3: 1960년 노동 참여율

출처: Rosseel (2023a), p. 101.

그리고 기본적인 모형은 다음과 같이 구상되었는데, 1960년 산업화(ind60)가 1960년 민주화(dem60) 및 1965년 민주화(dem65)에 영향을 주며, 1960년 민주화는 1965년 민주화에 영향을 주는 것으로 모형이 설정되었다(Rosseel, 2023b).

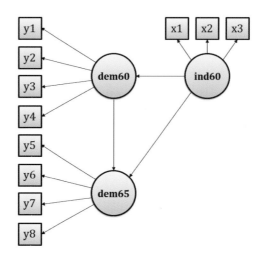

출처: Rosseel (2014), p. 25.

모형 분석을 위해 lavaan 패키지의 sem( ) 기능을 활용하여 실행하면 구조방정
식모형 분석 결과가 나타난다.

먼저, 데이터(PD)를 보면 측정변수가 x1, x2, x3, y1, y2 … y8로 전체 11개의 변
수로 구성되어 있음을 알 수 있다.

```
> library(lavaan)
> PD <- PoliticalDemocracy
> head(PD)
```

```
> PD <- PoliticalDemocracy
> head(PD)
     y1       y2       y3       y4       y5       y6       y7
1  2.50 0.000000 3.333333 0.000000 1.250000 0.000000 3.726360
2  1.25 0.000000 3.333333 0.000000 6.250000 1.100000 6.666666
3  7.50 8.800000 9.999998 9.199991 8.750000 8.094061 9.999998
4  8.90 8.800000 9.999998 9.199991 8.907948 8.127979 9.999998
5 10.00 3.333333 9.999998 6.666666 7.500000 3.333333 9.999998
6  7.50 3.333333 6.666666 6.666666 6.250000 1.100000 6.666666
        y8       x1       x2       x3
1 3.333333 4.442651 3.637586 2.557615
2 0.736999 5.384495 5.062595 3.568079
3 8.211809 5.961005 6.255750 5.224433
4 4.615086 6.285998 7.567863 6.267495
5 6.666666 5.863631 6.818924 4.573679
6 0.368500 5.533389 5.135798 3.892270
```

그리고 분석을 위해 다음의 명령어를 입력하면 분석 결과가 나타난다.

```
> model_1 <- '
        # 잠재변수(latent variables) 설정
         ind60 =~ x1 + x2 + x3
         dem60 =~ y1 + y2 + y3 + y4
         dem65 =~ y5 + y6 + y7 + y8
        # 회귀분석(regressions) 설정
         dem60 ~ ind60
         dem65 ~ ind60 + dem60'

> fit_1 <- sem(model_1, data=PD)
> summary(fit_1)
```

다음 분석 결과를 살펴보면, 요인계수, 잠재변수의 회귀계수 및 분산, 그리고 측정변수의 오차분산이 제시되어 있다. 각 잠재변수의 요인계수는 모두 통계적으로 유의한 것으로 나타났으며, 잠재변수의 회귀계수 또한 모두 유의한 것으로 나타났다. 즉, ind60는 dem60에 영향을 주며, ind60와 dem60는 dem65에 모두 유의한 영향을 주는 것으로 나타났다.

```
> fit_1 <- sem(model_1, data=PD)
> summary(fit_1)
lavaan 0.6.17 ended normally after 42 iterations

  Estimator                                         ML
  Optimization method                           NLMINB
  Number of model parameters                        25

  Number of observations                            75

Model Test User Model:

  Test statistic                                72.462
  Degrees of freedom                                41
  P-value (Chi-square)                           0.002

Parameter Estimates:

  Standard errors                             Standard
  Information                                 Expected
  Information saturated (h1) model          Structured
```

```
Latent Variables:
                   Estimate  Std.Err  z-value  P(>|z|)
  ind60 =~
    x1                1.000
    x2                2.182    0.139   15.714    0.000
    x3                1.819    0.152   11.956    0.000
  dem60 =~
    y1                1.000
    y2                1.354    0.175    7.755    0.000
    y3                1.044    0.150    6.961    0.000
    y4                1.300    0.138    9.412    0.000
  dem65 =~
    y5                1.000
    y6                1.258    0.164    7.651    0.000
    y7                1.282    0.158    8.137    0.000
    y8                1.310    0.154    8.529    0.000

Regressions:
                   Estimate  Std.Err  z-value  P(>|z|)
  dem60 ~
    ind60             1.474    0.392    3.763    0.000
  dem65 ~
    ind60             0.453    0.220    2.064    0.039
    dem60             0.864    0.113    7.671    0.000
```

```
Variances:
                Estimate   Std.Err   z-value   P(>|z|)
      .x1         0.082      0.020     4.180     0.000
      .x2         0.118      0.070     1.689     0.091
      .x3         0.467      0.090     5.174     0.000
      .y1         1.942      0.395     4.910     0.000
      .y2         6.490      1.185     5.479     0.000
      .y3         5.340      0.943     5.662     0.000
      .y4         2.887      0.610     4.731     0.000
      .y5         2.390      0.447     5.351     0.000
      .y6         4.343      0.796     5.456     0.000
      .y7         3.510      0.668     5.252     0.000
      .y8         2.940      0.586     5.019     0.000
       ind60      0.448      0.087     5.169     0.000
      .dem60      3.872      0.893     4.338     0.000
      .dem65      0.115      0.200     0.575     0.565
```

한편, 모형적합도는 $\chi^2 = 72.5(p = 0.002)$, CFI=0.95, TLI=0.94, RMSEA=0.10, SRMR=0.05로 나타나 χ^2과 RMSEA를 제외하면 적합한 것으로 나타났다.

```
> fitMeasures(fit_1, c("cfi", "tli", "rmsea", "srmr"))
```

```
> fitMeasures(fit_1, c("cfi", "tli", "rmsea", "srmr"))
  cfi    tli  rmsea   srmr
0.953  0.938  0.101  0.055
>
```

이어서 분석모형을 그림(plot)으로 제시하면 다음과 같다.

```
> semPaths(fit_1, 'col', 'est', rotation=4, group="latents", pastel=T, style="lisrel",
edge.label.cex=0.8, edge.color="blue", layout="tree2")
```

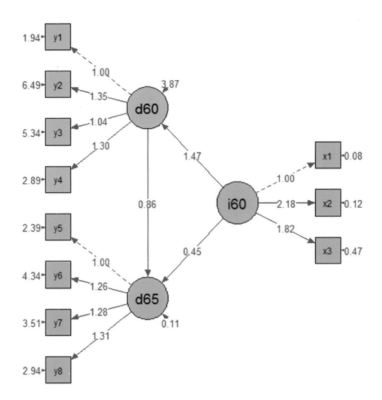

3. 모형 수정

앞서 분석한 모형은 시계열 데이터를 기반으로 한 모형이므로 동일한 내용(y1
=y5, y2=y6, y3=y7, y4=y8)을 측정하는 측정변수, 즉 y1, y2, y3, y4는 y5, y6, y7,
y8과 서로 상관이 있음을 이론적으로 이해하고 있다. 따라서 측정변수 간의 상관
을 인정하는 모형으로 수정할 필요가 있다. 그리고 모형을 수정하고자 할 때 활용
하는 수정지수 modindices( ) 기능을 이용한 분석 결과를 보면 y6~~y8, y2~~
y4의 상관을 고려해야 할 통계적 수치, 즉 모형을 수정할 때 기대하는 모수의 변화
(epc)가 각각 1.5, 1.4를 제시하고 있음을 알 수 있다(Rosseel, 2023b).

```
> modindices(fit_1, sort=T)
```

```
> modindices(fit_1, sort=T)
      lhs op rhs    mi    epc sepc.lv sepc.all sepc.nox
88     y2 ~~ y6 9.279  2.129   2.129    0.401    0.401
104    y6 ~~ y8 8.668  1.513   1.513    0.423    0.423
81     y1 ~~ y5 8.183  0.884   0.884    0.410    0.410
93     y3 ~~ y6 6.574 -1.590  -1.590   -0.330   -0.330
79     y1 ~~ y3 5.204  1.024   1.024    0.318    0.318
86     y2 ~~ y4 4.911  1.432   1.432    0.331    0.331
94     y3 ~~ y7 4.088  1.152   1.152    0.266    0.266
33  ind60 =~ y5 4.007  0.762   0.510    0.197    0.197
```

따라서 이와 같은 이론적 및 통계적 근거를 바탕으로 원 모형을 수정하면 다음
과 같은 수정 모형을 만들 수 있다.

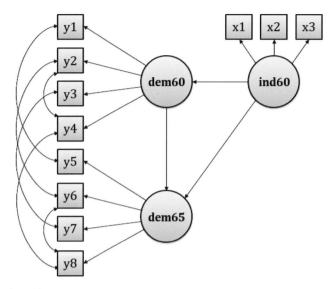

출처: Rosseel (2023b), p. 9.

　수정 모형으로 분석하기 위해 다음과 같이 측정변수의 잔차의 상관을 고려한 명령어를 추가로 만들어 실행한다.

```
> model_3 <- '
        # 잠재변수(latent variables)
        ind60 =~ x1 + x2 + x3
        dem60 =~ y1 + y2 + y3 + y4
        dem65 =~ y5 + y6 + y7 + y8
        # 회귀분석(regressions)
        dem60 ~ ind60
        dem65 ~ ind60 + dem60
        # 잔차의 상관(residual correlations)
        y1 ~~ y5
        y2 ~~ y4 + y6
        y3 ~~ y7
        y4 ~~ y8
        y6 ~~ y8'
> fit_3 <- sem(model_3, data=PD)
> summary(fit_3)

> fitMeasures(fit_3, c("cfi", "tli", "rmsea", "srmr"))
```

그러면 다음과 같은 결과가 나타나는데, 분석 결과를 살펴보면 요인계수, 잠재
변수의 회귀계수 및 공분산, 그리고 측정변수의 오차분산이 제시되어 있다. 각 잠
재변수의 요인계수는 모두 통계적으로 유의한 것으로 나타났으며, 잠재변수의 회
귀계수 또한 모두 유의하며 측정변수 간의 공분산이 제시되어 있다. 그리고 모형
적합도는 $\chi^2 = 38.1(p = 0.329)$, CFI=0.995, TLI=0.993, RMSEA=0.035, SRMR=
0.044로 나타났다. 이 결과는 수정 전 모형의 적합도와 비교할 때 전반적으로 크게
개선되어 더 좋은 적합도를 나타낸다고 할 수 있다.

```
> fit_3 <- sem(model_3, data=PD)
> summary(fit_3)
lavaan 0.6.17 ended normally after 68 iterations

  Estimator                                      ML
  Optimization method                        NLMINB
  Number of model parameters                     31

  Number of observations                         75

Model Test User Model:

  Test statistic                             38.125
  Degrees of freedom                             35
  P-value (Chi-square)                        0.329

Parameter Estimates:

  Standard errors                          Standard
  Information                              Expected
  Information saturated (h1) model       Structured
```

```
Latent Variables:
                 Estimate   Std.Err   z-value   P(>|z|)
  ind60 =~
    x1            1.000
    x2            2.180      0.139     15.742    0.000
    x3            1.819      0.152     11.967    0.000
  dem60 =~
    y1            1.000
    y2            1.257      0.182      6.889    0.000
    y3            1.058      0.151      6.987    0.000
    y4            1.265      0.145      8.722    0.000
  dem65 =~
    y5            1.000
    y6            1.186      0.169      7.024    0.000
    y7            1.280      0.160      8.002    0.000
    y8            1.266      0.158      8.007    0.000

Regressions:
                 Estimate   Std.Err   z-value   P(>|z|)
  dem60 ~
    ind60         1.483      0.399      3.715    0.000
  dem65 ~
    ind60         0.572      0.221      2.586    0.010
    dem60         0.837      0.098      8.514    0.000

Covariances:
                 Estimate   Std.Err   z-value   P(>|z|)
 .y1 ~~
   .y5            0.624      0.358      1.741    0.082
 .y2 ~~
   .y4            1.313      0.702      1.871    0.061
   .y6            2.153      0.734      2.934    0.003
 .y3 ~~
   .y7            0.795      0.608      1.308    0.191
 .y4 ~~
   .y8            0.348      0.442      0.787    0.431
 .y6 ~~
   .y8            1.356      0.568      2.386    0.017

Variances:
                 Estimate   Std.Err   z-value   P(>|z|)
   .x1            0.082      0.019      4.184    0.000
   .x2            0.120      0.070      1.718    0.086
   .x3            0.467      0.090      5.177    0.000
   .y1            1.891      0.444      4.256    0.000
   .y2            7.373      1.374      5.366    0.000
   .y3            5.067      0.952      5.324    0.000
   .y4            3.148      0.739      4.261    0.000
   .y5            2.351      0.480      4.895    0.000
   .y6            4.954      0.914      5.419    0.000
   .y7            3.431      0.713      4.814    0.000
   .y8            3.254      0.695      4.685    0.000
    ind60         0.448      0.087      5.173    0.000
   .dem60         3.956      0.921      4.295    0.000
   .dem65         0.172      0.215      0.803    0.422
```

```
> fitMeasures(fit_3, c("cfi", "tli", "rmsea", "srmr"))
  cfi   tli rmsea  srmr
0.995 0.993 0.035 0.044
```

이어서 분석모형을 그림(plot)으로 제시하면 다음과 같다. 원 모형의 그림과 달리 측정변수의 잔차의 상관관계(예, y1~~y5, y2~~y6 등)가 포함되어 있다.

```
> semPaths(fit_3, 'col', 'est', rotation=4, group="latents", pastel=T,
   style="lisrel", edge.label.cex=0.8, edge.color="blue", layout="tree2")
```

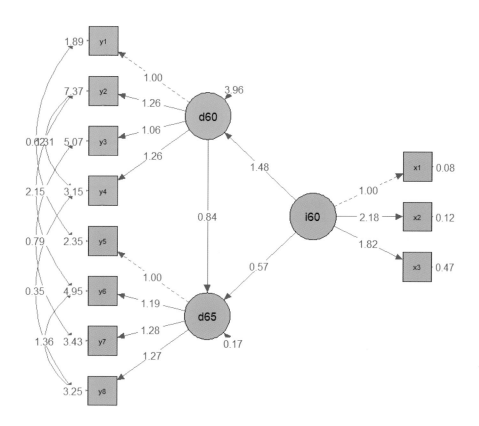

　　이제 이 두 모형을 비교 분석하면 다음과 같다. 다음 결과에서 보듯이 원 모형 (fit_1)과 수정 모형(fit_3)의 χ^2값에 대한 ANOVA 비교 분석을 실시하면 두 모형의 χ^2값의 차이(72.46−38.12), 즉 $\chi^2_d = 34.3(p < 0.001)$으로, 통계적으로 유의하므로 χ^2값, AIC 및 BIC가 작은 수정 모형(fit_3)을 선택하는 것이 적절하다고 하겠다 (Finch & French, 2015). 그리고 모형적합도 지수를 비교해도 CFI, TLI, RMSEA, SRMR 모든 지수에서 수정 모형의 적합도가 더 좋음을 알 수 있다. 따라서 원 모형 (fit_1)보다는 수정 모형(fit_3)이 이론적으로나 통계적으로나 더 타당한 모형임을 확인할 수 있다.

```
> anova(fit_1, fit_3)

Chi-Squared Difference Test

        Df    AIC    BIC  Chisq Chisq diff   RMSEA Df diff Pr(>Chisq)
fit_3   35 3157.6 3229.4 38.125
fit_1   41 3179.9 3237.9 72.462     34.336 0.25094       6  5.792e-06 ***
---
Signif. codes:  0 '***' 0.001 '**' 0.01 '*' 0.05 '.' 0.1 ' ' 1
> fitMeasures(fit_1, c("cfi", "tli", "rmsea", "srmr"))
  cfi   tli rmsea  srmr
0.953 0.938 0.101 0.055
> fitMeasures(fit_3, c("cfi", "tli", "rmsea", "srmr"))
  cfi   tli rmsea  srmr
0.995 0.993 0.035 0.044
> AIC(fit_1)
[1] 3179.918
> AIC(fit_3)
[1] 3157.582
```

4. 매개효과모형

매개효과모형은 [그림 2-1]과 같이 독립변수(X)가 매개변수(M)를 통하여 종속변수(Y)에 간접적으로 영향을 미치는 모형을 말한다. 그리고 X가 Y에 영향을 주는 직접효과(c)가 유의한지 아닌지에 따라 부분매개 또는 완전매개의 효과가 있다고 해석한다.

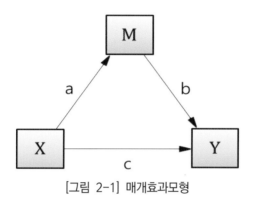

[그림 2-1] 매개효과모형

R에서 간접효과 또는 매개효과모형은 다음과 같이 명령어를 구성한다(Rosseel, 2023a).

```
매개효과모형의 명령어 구조

model <- '
        # 직접효과(direct effect)
        Y ~ c*X
        # 매개변수(mediator): M
        M ~ a*X
        Y ~ b*M
        # 간접효과(indirect effect) (a*b)
        ab := a*b
        # 전체효과(total effect)
        total := c + (a*b)'

fit <- sem(model, data = Data)
summary(fit)
```

1) 부분매개효과모형

여기서 사용할 데이터는 구조방정식모형에서 흔히 예제로 사용하는 고전적인 Wheaton 데이터로, 사회경제적 지위와 소외감 간의 관계를 검정한 데이터다 (Wheaton et al., 1977). 하지만 이 데이터는 지금까지의 데이터와는 달리 일반적인 데이터(full data)가 아니라 공분산 매트릭스 데이터(covariance matrix data)이며, 다음과 같이 공분산 데이터를 직접 입력한다. 그리고 공분산 데이터 이름을 wheaton. cov라고 지정한다(Rosseel, 2023a).

```
# 공분산매트릭스 데이터 입력(a covariance matrix as input)
> lower <- '
 11.834,
  6.947,  9.364,
  6.819,  5.091, 12.532,
  4.783,  5.028,  7.495,  9.986,
 -3.839, -3.889, -3.841, -3.625, 9.610,
-21.899, -18.831, -21.748, -18.775, 35.522, 450.288 '

> wheaton.cov <- getCov(lower, names = c("anomia67", "powerless67",
"anomia71", "powerless71", "education", "sei"))
> wheaton.cov
```

입력한 데이터를 불러오면 다음과 같은 공분산 매트릭스 데이터가 나타난다.

```
> lower <- '
+ 11.834,
+ 6.947, 9.364,
+ 6.819, 5.091, 12.532,
+ 4.783, 5.028, 7.495, 9.986,
+ -3.839, -3.889, -3.841, -3.625, 9.610,
+ -21.899, -18.831, -21.748, -18.775, 35.522, 450.288 '
> # convert to a full symmetric covariance matrix with names
> wheaton.cov <- getCov(lower, names=c("anomia67","powerless67", "anomia7
1",
+                                      "powerless71","education","sei"))
> wheaton.cov
           anomia67 powerless67 anomia71 powerless71 education     sei
anomia67     11.834       6.947    6.819       4.783    -3.839 -21.899
powerless67   6.947       9.364    5.091       5.028    -3.889 -18.831
anomia71      6.819       5.091   12.532       7.495    -3.841 -21.748
powerless71   4.783       5.028    7.495       9.986    -3.625 -18.775
education    -3.839      -3.889   -3.841      -3.625     9.610  35.522
sei         -21.899     -18.831  -21.748     -18.775    35.522 450.288
```

그리고 부분매개효과모형(partial medication model)은 다음과 같이 설정할 수 있
다. 즉, 사회경제적 지위(ses)가 71년 소외감(al71)에 직접 영향을 주는 동시에 67년
소외감(al67)을 통해 간접적으로도 영향을 준다고 가정한다. 여기서 c는 직접효과,
a*b는 매개효과를 의미한다([그림 2-2] 참조).

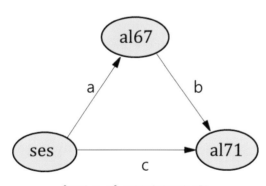

[그림 2-2] 부분매개효과모형

우선, 부분매개효과모형을 위한 R 명령어 설정은 다음과 같이 입력한다.

```
# 부분매개효과 (partially mediated model)
> wheaton.model3 <- '
        # 잠재변수 (latent variables)
        ses =~ education + sei
        alien67 =~ anomia67 + powerless67
        alien71 =~ anomia71 + powerless71
        # 회귀식 (regressions)
        alien71 ~ c*ses
        alien67 ~ a*ses
        alien71 ~ b*alien67
        # 간접효과 (a*b) (:=는 ~라고 정의한다는 의미)
        ab := a*b
        # 총효과 (total)
        total := c + (a*b)
        # 잔차 상관(correlated residuals)
        anomia67 ~~ anomia71
        powerless67 ~~ powerless71'

# 모형 추정 (공분산 데이터의 경우 표본 수 sample.nobs를 제시한다)
> fit3 <- sem(wheaton.model3, sample.cov=wheaton.cov, sample.nobs=932)

# 결과 및 적합도 제시
> summary(fit3, standardized=TRUE)  # 표준화계수 제시
> fitMeasures(fit3, c("cfi", "tli", "rmsea", "srmr")) # 모형적합도 제시
```

그러면 다음 결과를 얻게 되는데, 분석 결과를 살펴보면 요인계수, 잠재변수의 회귀계수 및 분산, 그리고 측정변수의 오차분산 및 공분산이 제시되어 있다. 각 요인계수는 모두 통계적으로 유의한 것으로 나타났으며, 잠재변수의 회귀계수 또한 모두 유의한 것으로 나타났다. 그리고 직접효과(c), 간접효과(ab) 및 총효과(total)가 모두 유의하게 나타났으며, 모형적합도는 $\chi^2 = 4.73(p = 0.316)$, CFI$=1.00$, TLI $=0.99$, RMSEA$=0.01$, SRMR$=0.01$로 나타나 적합도는 모두 매우 좋은 것으로 나타났다.

```
> summary(fit3, standardized=TRUE)
lavaan 0.6.17 ended normally after 84 iterations

   Estimator                                        ML
   Optimization method                          NLMINB
   Number of model parameters                       17

   Number of observations                          932

Model Test User Model:

   Test statistic                               4.735
   Degrees of freedom                               4
   P-value (Chi-square)                         0.316

Parameter Estimates:

   Standard errors                            Standard
   Information                                Expected
   Information saturated (h1) model         Structured
```

```
Latent Variables:
                 Estimate  Std.Err  z-value  P(>|z|)  Std.lv  Std.all
  ses =~
    education       1.000                              2.607   0.842
    sei             5.219    0.422   12.364    0.000  13.609   0.642
  alien67 =~
    anomia67        1.000                              2.663   0.774
    powerless67     0.979    0.062   15.895    0.000   2.606   0.852
  alien71 =~
    anomia71        1.000                              2.850   0.805
    powerless71     0.922    0.059   15.498    0.000   2.628   0.832

Regressions:
                 Estimate  Std.Err  z-value  P(>|z|)  Std.lv  Std.all
  alien71 ~
    ses     (c)    -0.227    0.052   -4.334    0.000  -0.207  -0.207
  alien67 ~
    ses     (a)    -0.575    0.056  -10.195    0.000  -0.563  -0.563
  alien71 ~
    alien67 (b)     0.607    0.051   11.898    0.000   0.567   0.567
```

```
Covariances:
                  Estimate  Std.Err  z-value  P(>|z|)   Std.lv  Std.all
 .anomia67 ~~
   .anomia71        1.623    0.314    5.176    0.000     1.623    0.356
 .powerless67 ~~
   .powerless71     0.339    0.261    1.298    0.194     0.339    0.121

Variances:
                  Estimate  Std.Err  z-value  P(>|z|)   Std.lv  Std.all
   .education       2.801    0.507    5.525    0.000     2.801    0.292
   .sei           264.597   18.126   14.597    0.000   264.597    0.588
   .anomia67        4.731    0.453   10.441    0.000     4.731    0.400
   .powerless67     2.563    0.403    6.359    0.000     2.563    0.274
   .anomia71        4.399    0.515    8.542    0.000     4.399    0.351
   .powerless71     3.070    0.434    7.070    0.000     3.070    0.308
    ses             6.798    0.649   10.475    0.000     1.000    1.000
   .alien67         4.841    0.467   10.359    0.000     0.683    0.683
   .alien71         4.083    0.404   10.104    0.000     0.503    0.503

Defined Parameters:
                  Estimate  Std.Err  z-value  P(>|z|)   Std.lv  Std.all
    ab             -0.349    0.041   -8.538    0.000    -0.319   -0.319
    total          -0.576    0.058   -9.956    0.000    -0.527   -0.527
```

```
> fitMeasures(fit3, c("cfi", "tli", "rmsea", "srmr"))
  cfi   tli rmsea  srmr
1.000 0.999 0.014 0.007
>
```

그리고 부분매개설정모형 분석 결과를 그림으로 제시하면 다음과 같다.

```
> semPaths(fit3, rotation=4, edge.label.cex=1.0, 'col', group="latents", pastel=T,
edge.color="black")
```

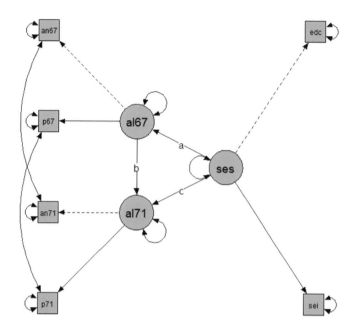

```
> semPaths(fit3, 'col', 'est', rotation=4, groups="latents", pastel=T,
  edge.label.cex=0.8, edge.color="black")
```

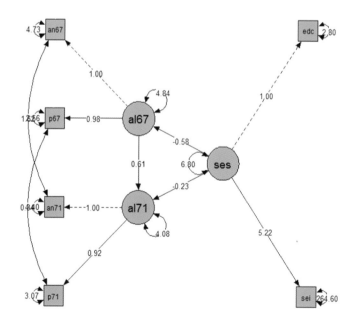

2) 완전매개효과모형

지금까지는 Wheaton 데이터로 부분매개모형을 검정하였다. 하지만 경쟁모형을 만들어 완전매개모형(full mediation model)과 서로 비교함으로써 부분매개모형의 가설이 강하다는 것을 보다 객관적으로 검정할 수 있다. 이때 두 모형의 χ^2 차이를 ANOVA 검정을 통해 비교하거나 간명성을 고려한 적합도 지수(TLI, RMSEA, SRMR)를 활용하여 비교할 수 있다(홍세희, 2011).

우선, 완전매개효과모형을 위한 R 명령어 설정은 다음과 같이 하는데, 부분매개모형과의 차이는 직접효과(c)를 제외한다는 점이다([그림 2-3] 참조).

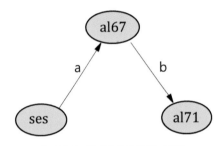

[그림 2-3] 완전매개효과모형

```
# 완전매개효과 (fully mediated model)
> wheaton.model4 <- '
        # 잠재변수 (latent variables)
        ses =~ education + sei
        alien67 =~ anomia67 + powerless67
        alien71 =~ anomia71 + powerless71
        # 회귀식 (regressions)
        alien67 ~ a*ses
        alien71 ~ b*alien67
        # 간접효과 (a*b)
        ab := a*b
        # 총효과 (total)
        total := a*b
```

```
                # 잔차 상관(correlated residuals)
                anomia67 ~~ anomia71
                powerless67 ~~ powerless71'

> fit4 <- sem(wheaton.model4, sample.cov=wheaton.cov, sample.nobs=932)
> summary(fit4, standardized=TRUE)
> fitMeasures(fit4, c("cfi", "tli", "rmsea", "srmr"))
```

　분석 결과는 다음과 같이 나타나는데, 자세히 살펴보면 요인계수, 잠재변수의
회귀계수 및 분산, 그리고 측정변수의 오차분산 및 공분산이 제시되어 있다. 각 요
인계수는 모두 통계적으로 유의한 것으로 나타났으며, 잠재변수의 회귀계수 또한
모두 유의한 것으로 나타났다. 그리고 직접효과(c)가 없으므로 간접효과(ab)와 총
효과(total)는 동일한 값으로(−0.45) 유의하게 나타났으며($p<0.001$), 모형적합도는
$\chi^2=25.71(p<0.001)$, CFI=0.99, TLI=0.97, RMSEA=0.07, SRMR=0.03으로 나
타나 χ^2을 제외하면 적합도는 대체로 좋은 것으로 나타났다.

```
> summary(fit4, standardized=TRUE)
lavaan 0.6.17 ended normally after 80 iterations

  Estimator                                         ML
  Optimization method                           NLMINB
  Number of model parameters                        16

  Number of observations                           932

Model Test User Model:

  Test statistic                                25.707
  Degrees of freedom                                 5
  P-value (Chi-square)                           0.000

Parameter Estimates:

  Standard errors                             Standard
  Information                                 Expected
  Information saturated (h1) model          Structured
```

```
Latent Variables:
                  Estimate  Std.Err  z-value  P(>|z|)   Std.lv  Std.all
  ses =~
    education       1.000                                2.620    0.846
    sei             5.169    0.436   11.849    0.000    13.543    0.639
  alien67 =~
    anomia67        1.000                                2.654    0.772
    powerless67     0.972    0.061   15.988    0.000     2.581    0.844
  alien71 =~
    anomia71        1.000                                2.853    0.804
    powerless71     0.929    0.069   13.534    0.000     2.652    0.839

Regressions:
                  Estimate  Std.Err  z-value  P(>|z|)   Std.lv  Std.all
  alien67 ~
    ses       (a) -0.593    0.058  -10.267    0.000    -0.585   -0.585
  alien71 ~
    alien67   (b)  0.759    0.043   17.755    0.000     0.706    0.706

Covariances:
                  Estimate  Std.Err  z-value  P(>|z|)   Std.lv  Std.all
 .anomia67 ~~
   .anomia71       1.583    0.347    4.555    0.000     1.583    0.343
 .powerless67 ~~
   .powerless71    0.258    0.294    0.877    0.380     0.258    0.091


Variances:
                  Estimate  Std.Err  z-value  P(>|z|)   Std.lv  Std.all
   .education      2.735    0.536    5.101    0.000     2.735    0.285
   .sei          266.395   18.600   14.322    0.000   266.395    0.592
   .anomia67       4.776    0.445   10.734    0.000     4.776    0.404
   .powerless67    2.693    0.390    6.911    0.000     2.693    0.288
   .anomia71       4.458    0.598    7.455    0.000     4.458    0.354
   .powerless71    2.958    0.513    5.762    0.000     2.958    0.296
    ses            6.865    0.673   10.199    0.000     1.000    1.000
   .alien67        4.631    0.456   10.164    0.000     0.657    0.657
   .alien71        4.081    0.436    9.365    0.000     0.501    0.501

Defined Parameters:
                  Estimate  Std.Err  z-value  P(>|z|)   Std.lv  Std.all
    ab            -0.450    0.048   -9.320    0.000    -0.413   -0.413
    total         -0.450    0.048   -9.320    0.000    -0.413   -0.413
```

```
> fitMeasures(fit4, c("cfi", "tli", "rmsea", "srmr"))
  cfi   tli rmsea  srmr
0.990 0.971 0.067 0.032
```

그리고 완전매개모형 분석 결과를 그림(model plot)으로 제시하면 다음과 같다.

```
> semPaths(fit4, 'col', rotation=4, groups="latents", pastel=T,
  edge.color="black", edge.label.cex=0.8)
```

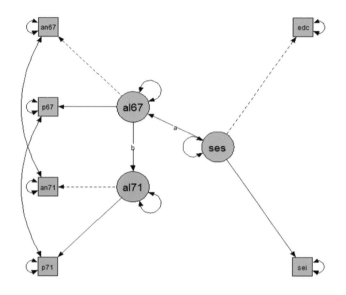

```
> semPaths(fit4, 'col', 'est', rotation=4, groups="latents", pastel=T,
  edge.color="black", edge.label.cex=0.8)
```

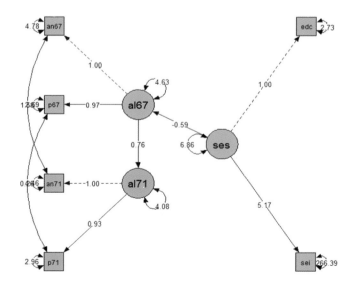

이어서 두 모형을 비교한 다음 결과를 보면 χ^2값의 차이는, 즉 $\chi^2_d = 20.97(p < 0.001)$로 통계적으로 유의하므로 χ^2값이 작은 모형(fit3), 즉 부분매개효과모형이 더 적합하다고 할 수 있다. 그리고 상대적 적합도 지수인 AIC 및 BIC를 기준으로 할 때도 부분매개효과모형(fit3)이 완전매개모형(fit4)보다 작기 때문에 더 적합하다고 말할 수 있다(AIC의 경우 30461 vs. 30480, BIC의 경우 30543 vs. 30557).

```
> anova(fit3, fit4)
```

```
> # 모형비교
> anova(fit3, fit4)

Chi-Squared Difference Test

      Df   AIC   BIC  Chisq Chisq diff  RMSEA Df diff Pr(>Chisq)
fit3   4 30461 30543 4.7353
fit4   5 30480 30557 25.7066     20.971 0.14638       1 4.662e-06 ***
---
Signif. codes: 0 '***' 0.001 '**' 0.01 '*' 0.05 '.' 0.1 ' ' 1
> fitMeasures(fit3, c("cfi", "tli", "rmsea", "srmr"))
  cfi   tli rmsea  srmr
1.000 0.999 0.014 0.007
> fitMeasures(fit4, c("cfi", "tli", "rmsea", "srmr"))
  cfi   tli rmsea  srmr
0.990 0.971 0.067 0.032
```

그리고 두 모형의 적합도 지수를 비교하더라도 〈표 2-1〉에서 보는 것처럼 부분매개모형의 TLI, RMSEA, SRMR 수치가 완전매개모형보다 더 좋은 것으로 나타나 부분매개모형을 선택하는 것이 더 적절하다고 결론 내릴 수 있다.

〈표 2-1〉 완전매개모형과 부분매개모형의 적합도 지수 비교

모형	χ^2	df	TLI	RMSEA	SRMR
완전매개모형(fit4)	25.707	5	.971	.067	.032
부분매개모형(fit3)	4.735	4	.999	.014	.007

제3장

jamovi를 이용한 구조방정식모형

1 경로분석

2 확인적 요인분석

3 구조방정식모형

4 모형 수정

5 매개효과모형

6 다집단 분석

1. 경로분석

구조방정식모형을 실행하기 전에 구조방정식모형의 기초가 되는 경로분석(path analysis)을 먼저 실행해 보자. 여기서 사용할 데이터는 다문화가정 아동의 학교적응에 대한 데이터 mfchildren.csv이며, 다음과 같이 데이터를 불러온다.

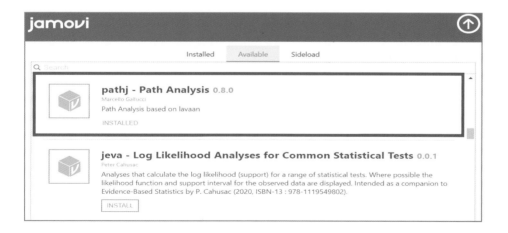

	⚭ 성별	◈ 부모태도	◈ 사회적지지	◈ 자아존중감	◈ 학교적응
1	1	2.9	3.5	3.8	3.083
2	1	3.6	3.3	4.3	3.083
3	1	3.5	2.3	3.8	3.417
4	0	3.4	3.5	3.5	3.583
5	0	3.3	2.3	3.4	1.833
6	0	3.0	3.3	3.0	3.250
7	0	3.2	3.8	3.4	4.000
8	1	4.0	4.6	4.8	4.583

jamovi에서 경로분석을 위해서는 다음과 같이 pathj−Path Analysis 모듈을 먼저 설치한 후 SEM 분석메뉴에서 Path Analysis를 클릭한다(Gallucci, 2021).

pathj - Path Analysis 0.8.0
Marcello Gallucci
Path Analysis based on lavaan
INSTALLED

jeva - Log Likelihood Analyses for Common Statistical Tests 0.0.1
Peter Cahusac
Analyses that calculate the log likelihood (support) for a range of statistical tests. Where possible the likelihood function and support interval for the observed data are displayed. Intended as a companion to Evidence-Based Statistics by P. Cahusac (2020, ISBN-13 : 978-1119549802).
INSTALL

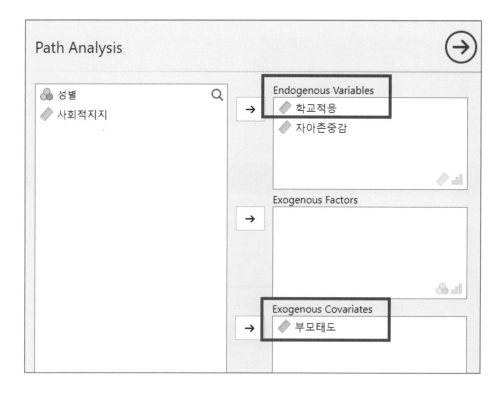

그리고 Path Analysis 대화상자에서 Endogenous Variables(종속변수)로 학교적
응과 자아존중감을 Exogenous Covariates(연속형 독립변수)로 부모태도를 선택
한다.

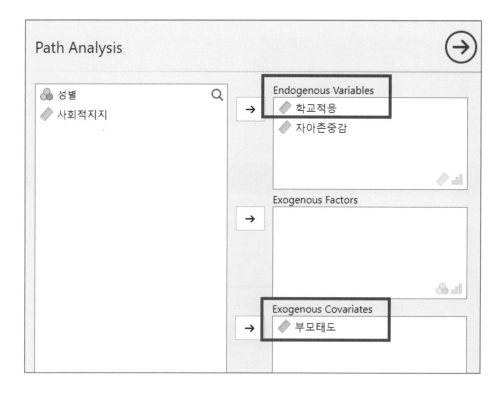

그리고 다음과 같이 Endogenous Models 대화상자에서 Endogenous 변수인 학교적응에 대한 Exogenous 변수로 부모태도와 자아존중감을, 또다른 Endogenous 변수인 자아존중감에 대한 Exogenous 변수로 부모태도를 선택한다.

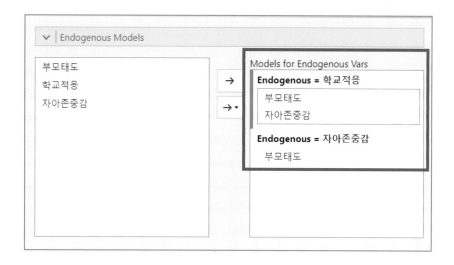

이어서 Parameters Options(모수 추정에 대한 옵션)으로 표준오차 추정은 반복추정이 아닌 일반추정방식인 Standard 방식으로 추정을 선택하며, 간접효과(Indirect Effects), 즉 매개효과를 추정하도록 체크한다.

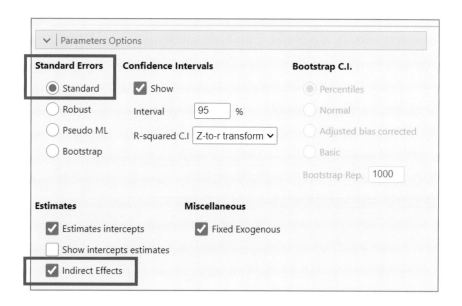

그러면 분석 결과로 다음과 같이 모형에 대한 정보가 제시되며, 이어서 모형에 대한 적합성 정보가 제시된다.

Models Info	
Estimation Method	ML
Number of observations	158
Free parameters	7
Converged	TRUE
Loglikelihood user model	-289.387
Loglikelihood unrestricted model	-289.387
Model	`학교적응` ~ `부모태도` + `자아존중감`
	`자아존중감` ~ `부모태도`

다음에 제시된 모형의 적합성에 대한 정보를 보면 SRMR, RMSEA, CFI, TLI 모두 적합한 것으로 나타나는데, 이는 잠재변수가 없는 단순한 경로분석인 경우 모형의 적합도는 대체로 적합한 것으로 나타나지만 적합도 수치는 별다른 의미가 없는 것이 일반적이다. 따라서 경로분석에 있어서 모형의 적합성은 그다지 중요한 이슈가 되지 않는다.

Model Tests			
Label	X^2	df	p
Baseline Model	83.28	3	< .001

Fit Indices

					RMSEA 95% CI		
AIC	BIC	adj. BIC	SRMR	RMSEA	Lower	Upper	RMSEA p
592.77	614.21	592.05	0.00	0.00	0.00	0.00	NaN

Fit Indices

CFI	TLI	RNI	GFI	adj. GFI	pars. GFI
1.00	1.00	1.00	1.00	1.00	0.00

다음 분석 결과를 살펴보면, 먼저 R^2가 제시되는데 두 종속변수 학교적응과 자아존중감에 대한 모형의 설명력이 0.30 및 0.16으로 나타났다. 그리고 각 종속변수(Dep)에 대한 독립변수(Pred)의 회귀계수가 제시되는데 학교적응에 대한 부모태도($z=3.52$, $p<0.001$) 및 자아존중감($z=5.39$, $p<0.001$)은 유의한 것으로 나타났으며, 자아존중감에 대한 부모태도($z=5.46$, $p<0.001$) 역시 통계적으로 유의한 것으로 나타났다.

R-squared

Variable	R^2	95% Confidence Intervals	
		Lower	Upper
학교적응	0.30	0.18	0.42
자아존중감	0.16	0.07	0.27

Parameter Estimates

Dep	Pred	Estimate	SE	95% Confidence Intervals		β	z	p
				Lower	Upper			
학교적응	부모태도	0.33	0.09	0.15	0.52	0.26	3.52	< .001
학교적응	자아존중감	0.42	0.08	0.27	0.57	0.39	5.39	< .001
자아존중감	부모태도	0.48	0.09	0.31	0.66	0.40	5.46	< .001

이어서 각 변수의 분산 및 공분산에 대한 정보가 나타나는데, 여기서는 독립변수인 부모태도의 분산(variance)과 종속변수인 학교적응과 자아존중감에 대한 오차분산(residuals)이 제시되고 있다. 그리고 간접효과, 즉 부모태도가 자아존중감을 거쳐 학교적응에 미치는 매개효과 B=0.20으로 통계적으로 유의한 것으로 나타났다(z=3.84, p<0.001). 이러한 분석 결과는 다음에 제시되는 경로모형의 그림에서 확인할 수 있다(Epskamp et al., 2019).

Variances and Covariances

Variable 1	Variable 2	Estimate	SE	95% Confidence Intervals		β	z	p	Method	Type
				Lower	Upper					
학교적응	학교적응	0.36	0.04	0.28	0.44	0.70	8.89	< .001	Estim	Residuals
자아존중감	자아존중감	0.37	0.04	0.29	0.46	0.84	8.89	< .001	Estim	Residuals
부모태도	부모태도	0.30	0.00	0.30	0.30	1.00			Sample	Variables

Defined Parameters

Label	Description	Parameter	Estimate	SE	95% Confidence Intervals		β	z	p
					Lower	Upper			
IE1	부모태도 ⇒ 자아존중감 ⇒ 학교적응	p3*p2	0.20	0.05	0.10	0.31	0.16	3.84	< .001

경로모형의 그림(path diagram)은 다음과 같이 회귀계수와 잔차를 제시하도록 하며 모형은 나무모양(Tree-like)으로 독립변수(exogenous variables)가 왼쪽(Exog. left)에 위치하도록 지정하였다. 여기서 측정변수에 대한 노드는 직사각형으로 변수의 이름은 생략하지 않고 전체 이름을 제시하도록 하였다.

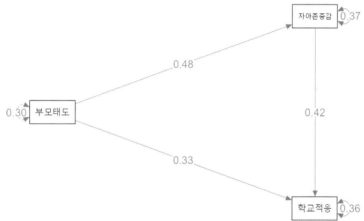

1) 다집단 분석

이제 앞에서 분석한 경로모형을 남녀별로 차이가 있는지 다집단 분석(Multigroup Analysis)을 실행해 보자. 먼저, 동일한 데이터(mfchildren.csv)를 불러온 상태에서 다음과 같이 집단변수 성별을 다집단 분석 요인(Multigroup Analysis Factor)에 포함시킨다.

Endogenous Models, Parameter Options, Path Diagram 대화상자는 앞에서 제시한 내용과 동일하게 설정하였기 때문에 여기서는 생략하기로 한다.

다음 분석 결과를 살펴보면 남학생(집단0)과 여학생(집단1) 모두에서 종속변수에 대한 독립변수의 회귀계수는 모두 유의한 것으로 나타났다. 그리고 두 집단에서 공통적으로 잔차분산(residuals) 역시 모두 유의한 것으로 나타났다. 하지만 부모태도가 자아존중감을 매개로 하여 학교적응에 미치는 매개효과(indirect effects)를 살펴보면 남학생의 경우 매개효과는 유의하지 않은 것으로 나타났지만($z=1.86$, $p=0.062$) 여학생의 경우에는 유의한 것으로 나타났다($z=3.20$, $p<0.001$). 이는 전체적으로는 매개효과가 통계적으로 유의하게 나타났지만 다집단 분석을 수행하게 되면 여학생의 경우에만 유의한 것으로 나타나 다집단 분석 수행의 의미와 그 중요성을 인식할 수 있게 된다. 그리고 이러한 결과는 다음에 제시되는 경로분석모형(diagrams)에서 확인할 수 있다.

Parameter Estimates

Group	Dep	Pred	Estimate	SE	Lower	Upper	β	z	p
0	학교적응	부모태도	0.34	0.13	0.09	0.60	0.29	2.63	0.008
	학교적응	자아존중감	0.24	0.11	0.02	0.46	0.23	2.14	0.032
	자아존중감	부모태도	0.45	0.12	0.22	0.68	0.39	3.79	< .001
1	학교적응	부모태도	0.32	0.13	0.06	0.58	0.23	2.44	0.015
	학교적응	자아존중감	0.58	0.10	0.37	0.78	0.52	5.57	< .001
	자아존중감	부모태도	0.52	0.13	0.26	0.78	0.40	3.90	< .001

Variances and Covariances

Group	Variable 1	Variable 2	Estimate	SE	Lower	Upper	β	z	p	Method	Type
0	학교적응	학교적응	0.36	0.06	0.25	0.48	0.81	6.32	< .001	Estim	Residuals
	자아존중감	자아존중감	0.35	0.06	0.24	0.46	0.85	6.32	< .001	Estim	Residuals
	부모태도	부모태도	0.31	0.00	0.31	0.31	1.00			Sample	Variables
1	학교적응	학교적응	0.33	0.05	0.22	0.43	0.58	6.24	< .001	Estim	Residuals
	자아존중감	자아존중감	0.39	0.06	0.27	0.51	0.84	6.24	< .001	Estim	Residuals
	부모태도	부모태도	0.28	0.00	0.28	0.28	1.00			Sample	Variables

Defined Parameters

Label	Description	Parameter	Estimate	SE	Lower	Upper	β	z	p
IE1	(부모태도 ⇒ 자아존중감 ⇒ 학교적응)1	p3*p2	0.11	0.06	-0.01	0.22	0.09	1.86	0.062
IE2	(부모태도 ⇒ 자아존중감 ⇒ 학교적응)2	p12*p11	0.30	0.09	0.12	0.48	0.21	3.20	0.001

Note. Description subscripts refer to groups, with 1= group 0, 2= group 1

IE1: group(0); 남학생

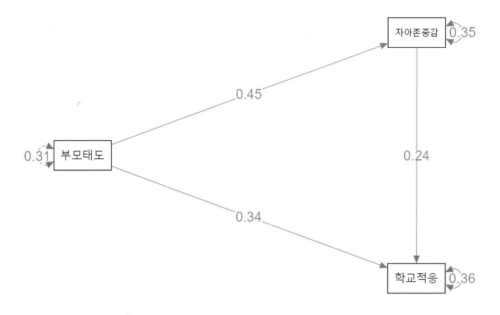

IE2: group(1); 여학생

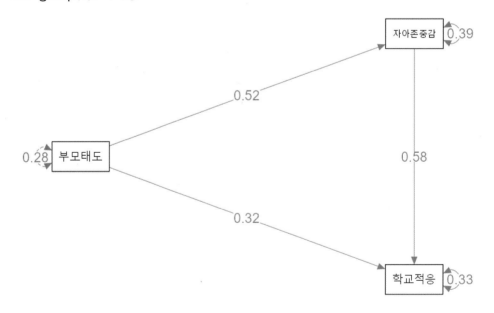

2. 확인적 요인분석

이제 본격적으로 구조방정식모형을 실행하기 위해 먼저 확인적 요인분석 (Confirmatory Factor Analysis)을 실행해 보자. jamovi에서 확인적 요인분석을 포함한 구조방정식모형을 실행하기 위해서는 다음과 같이 SEM 모듈을 먼저 설치해야 한다(Gallucci, 2021).

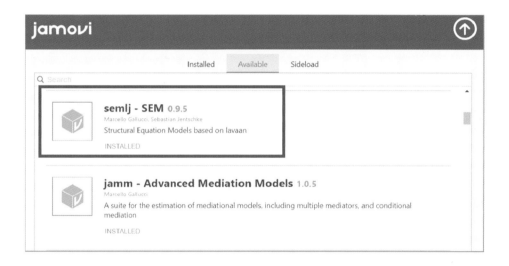

이제 lavaan 패키지에 포함된 데이터 HolzingerSwineford1939를 이용하여 확인적 요인분석(Confirmatory Factor Analysis: CFA)를 실행해 보자. 이 데이터는 중학교 학생들로부터 지능검사 결과를 수집한 데이터로 9개의 변수로 구성되어 있다. 모형은 다음과 같이 9개의 측정변수로부터 3개의 잠재변수가 파악되었으며(Rosseel, 2023b), 여기에서는 데이터 이름을 HS1939.csv로 지정하여 사용하기로 한다.

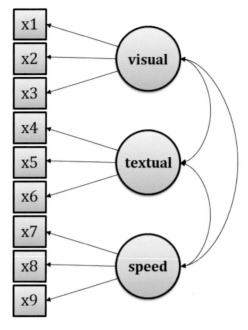

출처: Rossell (2023b), p. 5.

확인적 요인분석을 위해 먼저 데이터 HS1939.csv를 다음과 같이 불러온 후 이어
서 SEM 모듈에서 SEM(interactive)를 클릭한다.

	x1	x2	x3	x4	x5	x6	
1	3.333	7.75	0.375	2.333	5.75		
2	5.333	5.25	2.125	1.667	3.00		Path Analysis
3	4.500	5.25	1.875	1.000	1.75		SEMLj
4	5.333	7.75	3.000	2.667	4.50		SEM (syntax)
5	4.833	4.75	0.875	2.667	4.00		
6	5.333	5.00	2.250	1.000	3.00		SEM (interactive)
7	2.833	6.00	1.000	3.333	6.00		
8	5.667	6.25	1.875	3.667	4.25		
9	4.500	5.75	1.500	2.667	5.75		
10	3.500	5.25	0.750	2.667	5.00		

이어서 다음과 같이 대화상자에서 잠재변수 이름(visual)을 입력하고 잠재변수를 구성하는 측정변수(x1, x2, x3)를 선택한다. 이어서 잠재변수 textual에 x4, x5, x6를 잠재변수 speed에 x7, x8, x9을 지정한다.

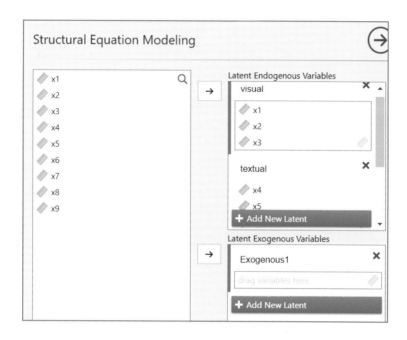

그러면 다음과 같이 Endogeneous models 대화상자에서 세 개의 잠재변수 visual, textual, speed가 생성되어 있음을 확인할 수 있다.

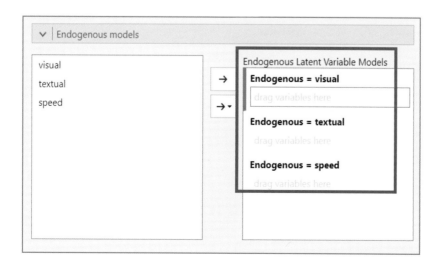

그리고 다음과 같이 모형 옵션(Model options) 및 미지수 옵션(Parameter options)의 세부사항을 선택한다. 여기서 선택한 사항은 모형 추정에 있어서 최대우도법(Maximum Likelihood: ML)을 모수 추정에서는 95% 신뢰구간, 표준오차는 Automatic을, 잠재변수 추정에는 각 잠재변수에 대한 측정변수(indicators) 중 첫 번째 측정변수의 계수를 1.0으로 고정하는 것으로 선택한다.

　　이어서 분석 결과 옵션(Output options)과 경로 다이어그램(Path diagram)에 대해서는 다음과 같이 경로계수(Coefficients)를 제시하도록 하고, 다이어그램은 나무모양(Tree-like)을, 잠재변수는 오른쪽에 두는 옵션을 선택하였다.

　　그러면 다음과 같은 결과가 제시되는데 이제 그 결과들을 하나씩 살펴보자. 먼저, 모형에 대한 정보가 제시되는데, 이 결과에 의하면 모형의 추정방식은 최대우도법(ML)을, 추정할 미지수는 30개, 그리고 모형은 세 개의 잠재변수(visual, textual, speed)로 구성되어 있음을 확인할 수 있다.

```
Models Info


Estimation Method        ML
Optimization Method      NLMINB
Number of observations   301
Free parameters          30
Standard errors          Standard
Scaled test              None
Converged                TRUE
Iterations               35


Model                    visual=~x1+x2+x3
                         textual=~x4+x5+x6
                         speed=~x7+x8+x9
```

　　그리고 모형의 적합도를 살펴보면, 다음에서 보는 것처럼 $\chi^2 = 85.3(p < 0.001)$, CFI $= 0.93$, TLI $= 0.90$, RMSEA $= 0.09$, SRMR $= 0.06$으로 나타나 χ^2를 제외하고는 모형적합도는 비교적 적합하다고 할 수 있다.

Model tests

Label	X²	df	p
User Model	85.31	24	< .001
Baseline Model	918.85	36	< .001

Fit indices

		95% Confidence Intervals		
SRMR	RMSEA	Lower	Upper	RMSEA p
0.06	0.09	0.07	0.11	< .001

User model versus baseline model

	Model
Comparative Fit Index (CFI)	0.93
Tucker-Lewis Index (TLI)	0.90
Bentler-Bonett Non-normed Fit Index (NNFI)	0.90
Bentler-Bonett Normed Fit Index (NFI)	0.91
Parsimony Normed Fit Index (PNFI)	0.60
Bollen's Relative Fit Index (RFI)	0.86
Bollen's Incremental Fit Index (IFI)	0.93
Relative Noncentrality Index (RNI)	0.93

이어서 분석 결과가 다음과 같이 나타나는데 요인계수, 잠재변수의 분산 및 공분산, 그리고 측정변수의 오차분산이 제시되어 있다. 각 잠재변수의 요인계수는 모두 통계적으로 유의한 것으로 나타났으며, 분산 및 공분산도 모두 유의한 것으로 나타났다.

Measurement model

Latent	Observed	Estimate	SE	95% Confidence Intervals		β	z	p
				Lower	Upper			
visual	x1	1.00	0.00	1.00	1.00	0.77		
	x2	0.55	0.10	0.36	0.75	0.42	5.55	< .001
	x3	0.73	0.11	0.52	0.94	0.58	6.68	< .001
textual	x4	1.00	0.00	1.00	1.00	0.85		
	x5	1.11	0.07	0.98	1.24	0.86	17.01	< .001
	x6	0.93	0.06	0.82	1.03	0.84	16.70	< .001
speed	x7	1.00	0.00	1.00	1.00	0.57		
	x8	1.18	0.16	0.86	1.50	0.72	7.15	< .001
	x9	1.08	0.15	0.79	1.38	0.67	7.15	< .001

Variances and Covariances

Variable 1	Variable 2	Estimate	SE	95% Confidence Intervals		β	z	p
				Lower	Upper			
x1	x1	0.55	0.11	0.33	0.77	0.40	4.83	< .001
x2	x2	1.13	0.10	0.93	1.33	0.82	11.15	< .001
x3	x3	0.84	0.09	0.67	1.02	0.66	9.32	< .001
x4	x4	0.37	0.05	0.28	0.46	0.27	7.78	< .001
x5	x5	0.45	0.06	0.33	0.56	0.27	7.64	< .001
x6	x6	0.36	0.04	0.27	0.44	0.30	8.28	< .001
x7	x7	0.80	0.08	0.64	0.96	0.68	9.82	< .001
x8	x8	0.49	0.07	0.34	0.63	0.48	6.57	< .001
x9	x9	0.57	0.07	0.43	0.70	0.56	8.00	< .001
visual	visual	0.81	0.15	0.52	1.09	1.00	5.56	< .001
textual	textual	0.98	0.11	0.76	1.20	1.00	8.74	< .001
speed	speed	0.38	0.09	0.21	0.55	1.00	4.45	< .001
visual	textual	0.41	0.07	0.26	0.55	0.46	5.55	< .001
visual	speed	0.26	0.06	0.15	0.37	0.47	4.66	< .001
textual	speed	0.17	0.05	0.08	0.27	0.28	3.52	< .001

그리고 확인적 요인분석 모형을 그림으로 나타내면 다음과 같이 제시할 수 있다. 다음의 첫 모형 그림에서는 요인계수와 잠재변수의 공분산만 제시되어 있지만 두 번째 모형 그림에서는 잠재변수의 분산과 측정변수의 오차분산(residuals)도 추가로 제시되어 있다.

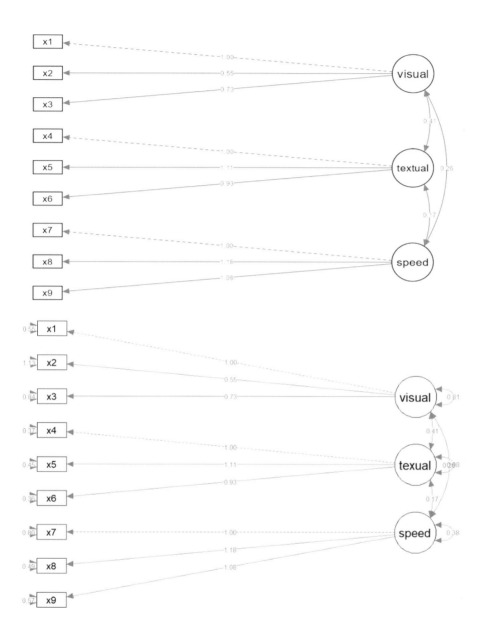

또한 jamovi에서는 잠재변수의 내적 일관성 신뢰도(Cronbach's alpha reliability)와 잠재변수의 수렴타당도(convergent validity)를 나타내는 AVE(Average Variance Extracted)를 다음과 같이 추가로 선택 제시할 수 있다. 내적 일관성 신뢰도는 0.6 이상이면 인정할 만한(acceptable) 정도이며, 수렴타당도는 0.5 이상이면 적절하다고 할 수 있다.

Reliability indices

Variable	α	ω_1	ω_2	ω_3	AVE
visual	0.63	0.63	0.63	0.61	0.37
textual	0.88	0.89	0.89	0.89	0.72
speed	0.69	0.69	0.69	0.69	0.42

그리고 잠재변수의 판별타당도(discriminant validity)를 Heterotrait-monotrait (HTMT) ratio of correlations으로 제시할 수 있는데, 이 수치가 0.85 보다 작으면 잠재변수들이 서로 중복되지 않고 구분되는 판별타당도가 있다고 볼 수 있다.

Heterotrait-monotrait (HTMT) ratio of correlations

	visual	textual	speed
visual	1.00	0.42	0.47
textual	0.42	1.00	0.29
speed	0.47	0.29	1.00

1) 정규성 검정

구조방정식모형에서 미지수 추정방법은 최대우도법(Maximum Likelihood: ML)이라고 앞서 밝혔다. 하지만 최대우도법은 다변량 정규분포를 가정하고 있기 때문에 정규성 검정을 수행할 필요가 있다. 정규성 검정은 다음과 같이 Output options에서 Mardia's coefficients를 체크하면 그 결과가 나타난다.

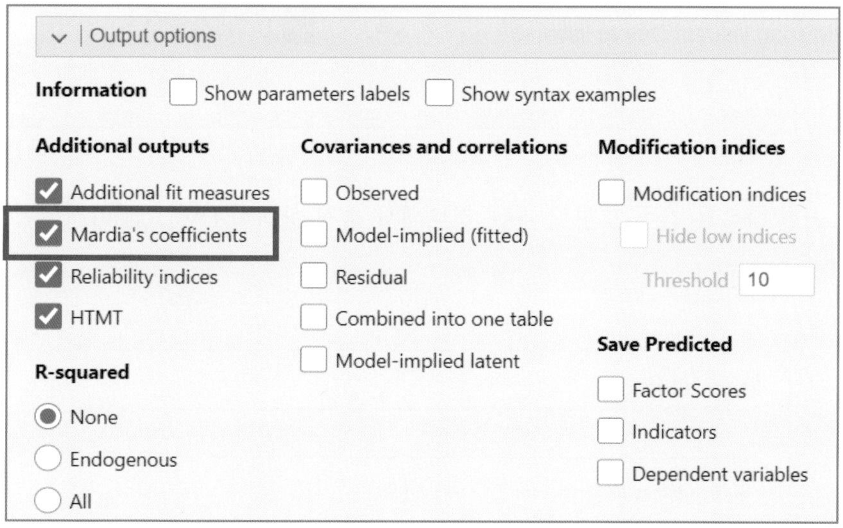

다음 결과에서 정규성 검정 결과를 보면, 왜도(skewness) 및 첨도(kurtosis)에서 영가설을 기각하게 되어 정규분포의 가정을 충족하지 못한 것으로 나타났다. 따라서 이 경우에는 추정방식을 대칭가중최소제곱법(Diagnoally Weighted Least Squares: DWLS)으로 전환하는 것이 필요하다(Finch & French, 2015). 다음 그림과 같이 Model options에서 추정 방식을 DWLS로 선택한다.

Mardia's coefficients

	Coefficient	z	χ^2	df	p
Skewness	6.81		341.48	165	< .001
Kurtosis	102.90	2.41			0.016

그러면 다음과 같이 모형에 관한 정보에서 추정 방식이 DWLS로 변경되었음을 확인할 수 있다.

이어서 모형의 적합도에 대한 다음 결과를 살펴보면, CFI=0.98, TLI=0.96, SRMR=0.05, RMSEA=0.05로 나타나 ML 추정 결과보다 적합도가 상당히 개선되었음을 확인할 수 있다.

Model tests

Label	X²	df	p
User Model	43.90	24	0.008
Baseline Model	875.82	36	< .001

Fit indices

		95% Confidence Intervals		
SRMR	RMSEA	Lower	Upper	RMSEA p
0.05	0.05	0.03	0.08	0.401

User model versus baseline model

	Model
Comparative Fit Index (CFI)	0.98
Tucker-Lewis Index (TLI)	0.96
Bentler-Bonett Non-normed Fit Index (NNFI)	0.96
Relative Noncentrality Index (RNI)	0.98
Bentler-Bonett Normed Fit Index (NFI)	0.95
Bollen's Relative Fit Index (RFI)	0.92
Bollen's Incremental Fit Index (IFI)	0.98
Parsimony Normed Fit Index (PNFI)	0.63

그리고 측정모형에서 잠재변수의 요인계수(factor loadings)와 분산 및 공분산 그리고 측정변수의 잔차분산의 결과를 살펴보면 ML 추정방식의 결과가 크게 다르지 않음을 알 수 있다.

Measurement model

Latent	Observed	Estimate	SE	95% Confidence Intervals		β	z	p
				Lower	Upper			
visual	x1	1.00	0.00	1.00	1.00	0.83		
	x2	0.50	0.08	0.35	0.65	0.41	6.49	< .001
	x3	0.65	0.09	0.47	0.83	0.56	7.07	< .001
textual	x4	1.00	0.00	1.00	1.00	0.86		
	x5	1.06	0.11	0.83	1.28	0.82	9.22	< .001
	x6	0.95	0.10	0.75	1.15	0.87	9.30	< .001
speed	x7	1.00	0.00	1.00	1.00	0.45		
	x8	1.27	0.19	0.89	1.65	0.62	6.56	< .001
	x9	1.74	0.28	1.20	2.29	0.85	6.28	< .001

Variances and Covariances

Variable 1	Variable 2	Estimate	SE	95% Confidence Intervals		β	z	p
				Lower	Upper			
x1	x1	0.42	0.20	0.03	0.82	0.31	2.09	0.037
x2	x2	1.15	0.13	0.89	1.42	0.83	8.56	< .001
x3	x3	0.88	0.11	0.67	1.09	0.69	8.16	< .001
x4	x4	0.35	0.18	−0.00	0.71	0.26	1.96	0.050
x5	x5	0.55	0.19	0.17	0.92	0.33	2.84	0.004
x6	x6	0.29	0.17	−0.04	0.63	0.25	1.72	0.085
x7	x7	0.95	0.11	0.74	1.15	0.80	9.01	< .001
x8	x8	0.64	0.13	0.38	0.89	0.62	4.91	< .001
x9	x9	0.29	0.16	−0.02	0.60	0.28	1.82	0.068
visual	visual	0.94	0.16	0.62	1.26	1.00	5.76	< .001
textual	textual	1.00	0.14	0.73	1.28	1.00	7.16	< .001
speed	speed	0.24	0.06	0.13	0.35	1.00	4.36	< .001
visual	textual	0.41	0.05	0.31	0.51	0.42	7.91	< .001
visual	speed	0.23	0.04	0.15	0.30	0.48	6.04	< .001
textual	speed	0.14	0.03	0.09	0.20	0.29	5.50	< .001

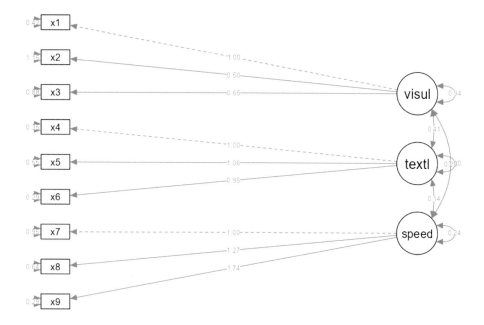

3. 구조방정식모형

구조방정식모형 실행에 사용할 데이터 역시 lavaan 패키지에 포함된 데이터로 저개발국가의 민주주의와 산업화에 관한 데이터(PoliticalDemocracy)이며, 모두 11개의 측정변수로 이루어져 있다(Bollen, 1989). 구체적인 변수에 대한 설명은 다음과 같다.

PoliticalDemocracy 데이터의 측정변수:

y1: 1960년 언론의 자유
y2: 1960년 정치적 반대의사 표현의 자유
y3: 1960년 선거의 공정성
y4: 1960년 의회 운영의 효과성
y5: 1965년 언론의 자유
y6: 1965년 정치적 반대의사 표현의 자유
y7: 1965년 선거의 공정성
y8: 1965년 의회 운영의 효과성
x1: 1960년 1인당 GNP
x2: 1960년 1인당 에너지 소비량
x3: 1960년 노동 참여율

출처: Rossell (2023a), p. 101.

기본적인 모형은 다음과 같이 설정되었는데, 1960년 산업화(ind60)가 1960년 민주화(dem60) 및 1965년 민주화(dem65)에 영향을 주며, 1960년 민주화는 1965년 민주화에 영향을 주는 것으로 모형이 설정되었다(Rosseel, 2023b).

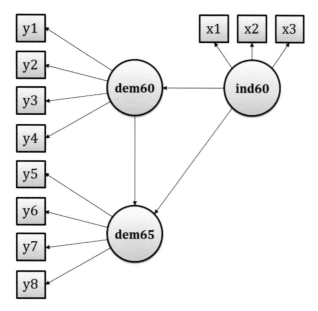

출처: Rossell (2014), p. 25.

먼저, 모형 분석을 위해 다음과 같이 데이터 PoliticalDemocracy.csv를 불러온다.

	y1	y2	y3	y4	y5	y6
1	2.50	0.000	3.333	0.000	1.250	
2	1.25	0.000	3.333	0.000	6.250	
3	7.50	8.800	10.000	9.200	8.750	
4	8.90	8.800	10.000	9.200	8.908	
5	10.00	3.333	10.000	6.667	7.500	
6	7.50	3.333	6.667	6.667	6.250	
7	7.50	3.333	6.667	6.667	5.000	
8	7.50	2.233	10.000	1.496	6.250	
9	2.50	3.333	3.333	3.333	6.250	
10	10.00	6.667	10.000	8.900	8.750	

그리고 SEM 모듈의 SEM(interactive) 버튼을 클릭한다.

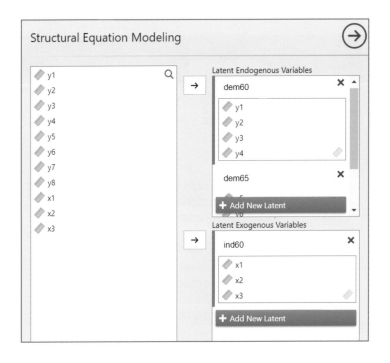

그런 다음 구조방정식모형 분석을 위한 잠재변수를 독립변수(Exogenous variables) 와 종속변수(Endogenous variables)로 구분하여 Endogenous 변수에 dem60, dem65, Exogenous 변수에 ind60로 설정한 후 각 잠재변수에 대한 측정변수를 선택한다.

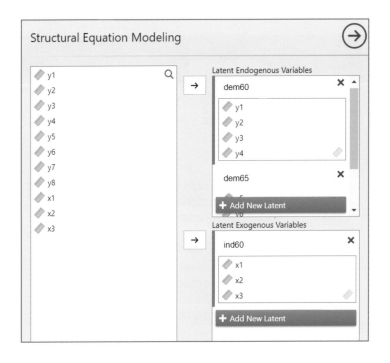

그러면 Endogenous models에서 각 잠재 종속변수와 독립변수를 다음과 같이
확인할 수 있다.

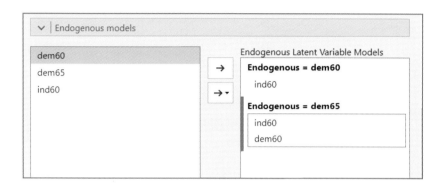

구조방정식모형에 대한 그림(Path diagram)은 다음과 같이 설정하여 확인할 수
있다. 여기서는 Paths에 None을 체크하여 모형에 대한 추정 이전 이론적 모형에
대해 확인할 수 있다. 모형의 유형은 나무모양의 대안(Tree-like alt.)을 선택하였으
며, 측정변수는 직사각형으로, 잠재변수는 원형으로 설정하였고, 변수 이름은 다
섯 글자로 제한하였다.

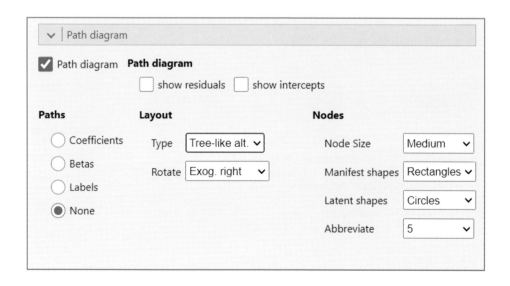

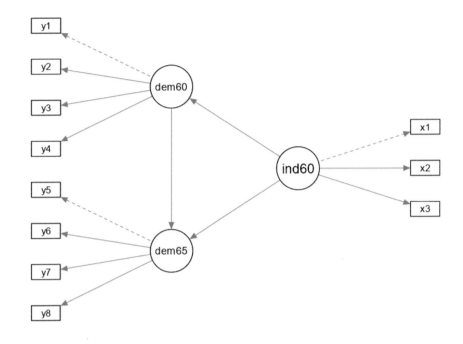

한편, 모형에 대한 추정 방식은 앞서 살펴본 확인적 요인분석과 마찬가지로 Model options에서 최대우도법(ML) 방식을 선택하였다.

이어서 모수에 대한 추정 옵션과 분석 결과에 대한 옵션은 다음과 같이 설정할 수 있다. 여기서는 디폴트 설정에 측정변수의 초기값(Intercepts), 즉 평균(Mean structure)만 제시하도록 추가하였다.

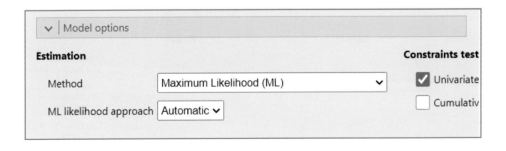

Parameters options

Standard Errors
- ● Automatic
- ○ Standard
- ○ Robust
- ○ Pseudo ML
- ○ Bootstrap

Bootstrap settings
- ● percentiles
- ○ normal
- ○ adjusted bias-corrected
- ○ basic

Bootstrap Rep. 1000

Confidence Intervals
- ☑ Confidence level 95

Constraints
- ☐ Fix exogenous covariates

Intercepts
- ☑ Mean structure
- ☑ Observed variables
- ☐ Latent variables

Estimates
- ☐ Indirect Effects

Scale / standardize variables
- ● Latent vars.: Fix first indicator (to 1)
- ○ Latent vars.: Fix residual variances (to 1)
- ☐ Observed vars.: Standardize before estimation

Output options

Information ☐ Show parameters labels ☐ Show syntax examples

Additional outputs
- ☐ Additional fit measures
- ☐ Mardia's coefficients
- ☐ Reliability indices

R-squared
- ● None
- ○ Endogenous
- ○ All

Covariances and correlations
- ☐ Observed
- ☐ Model-implied (fitted)
- ☐ Residual
- ☐ Combined into one table
- ☐ Model-implied latent

Modification indices
- ☐ Modification indices
- ☐ Hide low indices
- Threshold 10

Save Predicted
- ☐ Factor Scores
- ☐ Indicators
- ☐ Dependent variables

이어서 분석 결과를 살펴보면, 먼저 모형에 대한 정보가 다음과 같이 먼저 나타난다. 모형에서는 추정방식으로 최대우도법(ML)을, 그리고 측정모형(latent variables)

과 잠재변수의 회귀분석(regressions)에 대한 모형 설정이 제시되어 있다.

```
Models Info


    Estimation Method          ML                        .
    Optimization Method        NLMINB
    Number of observations     75
    Free parameters            36
    Standard errors            Standard
    Scaled test                None
    Converged                  TRUE
    Iterations                 42


    Model                      ind60=~x1+x2+x3
                               dem60=~y1+y2+y3+y4
                               dem65=~y5+y6+y7+y8
                               dem60~ind60
                               dem65~ind60+dem60
```

그리고 이어서 제시된 모형적합도는 $\chi^2 = 72.5(p = 0.002)$, CFI=0.95, TLI=0.94, RMSEA=0.10, SRMR=0.05로 나타나 χ^2을 제외하고는 대체로 모형의 적합도는 적절하다고 할 수 있다.

Model tests

Label	X^2	df	p
User Model	72.46	41	0.002
Baseline Model	730.65	55	< .001

Fit indices				
		95% Confidence Intervals		
SRMR	RMSEA	Lower	Upper	RMSEA p
0.05	0.10	0.06	0.14	0.021

User model versus baseline model

	Model
Comparative Fit Index (CFI)	0.95
Tucker-Lewis Index (TLI)	0.94
Bentler-Bonett Non-normed Fit Index (NNFI)	0.94
Bentler-Bonett Normed Fit Index (NFI)	0.90
Parsimony Normed Fit Index (PNFI)	0.67
Bollen's Relative Fit Index (RFI)	0.87
Bollen's Incremental Fit Index (IFI)	0.95
Relative Noncentrality Index (RNI)	0.95

　다음 분석 결과를 살펴보면, 요인계수, 잠재변수의 회귀계수 및 분산, 그리고 측정변수의 초기값(평균)과 오차분산이 제시되어 있다. 각 잠재변수의 요인계수는 모두 통계적으로 유의한 것으로 나타났으며, 잠재변수의 회귀계수 또한 모두 유의한 것으로 나타났다. 즉, ind60는 dem60에 통계적으로 유의한 영향을 주며($z = 3.76$, $p < 0.001$), ind60와 dem60는 dem65에 각각 유의한 영향을 주는 것으로 나타났다 ($z = 2.06$, $p = 0.039$; $z = 7.67$, $p < 0.001$).

Parameters estimates

Dep	Pred	Estimate	SE	95% Confidence Intervals		β	z	p
				Lower	Upper			
dem60	ind60	1.47	0.39	0.71	2.24	0.45	3.76	< .001
dem65	ind60	0.45	0.22	0.02	0.88	0.15	2.06	0.039
dem65	dem60	0.86	0.11	0.64	1.09	0.91	7.67	< .001

Measurement model

Latent	Observed	Estimate	SE	95% Confidence Intervals		β	z	p
				Lower	Upper			
ind60	x1	1.00	0.00	1.00	1.00	0.92		
	x2	2.18	0.14	1.91	2.45	0.97	15.71	< .001
	x3	1.82	0.15	1.52	2.12	0.87	11.96	< .001
dem60	y1	1.00	0.00	1.00	1.00	0.84		
	y2	1.35	0.17	1.01	1.70	0.76	7.75	< .001
	y3	1.04	0.15	0.75	1.34	0.71	6.96	< .001
	y4	1.30	0.14	1.03	1.57	0.86	9.41	< .001
dem65	y5	1.00	0.00	1.00	1.00	0.80		
	y6	1.26	0.16	0.94	1.58	0.78	7.65	< .001
	y7	1.28	0.16	0.97	1.59	0.82	8.14	< .001
	y8	1.31	0.15	1.01	1.61	0.85	8.53	< .001

Variances and Covariances

Variable 1	Variable 2	Estimate	SE	95% Confidence Intervals		β	z	p
				Lower	Upper			
x1	x1	0.08	0.02	0.04	0.12	0.15	4.18	< .001
x2	x2	0.12	0.07	-0.02	0.26	0.05	1.69	0.091
x3	x3	0.47	0.09	0.29	0.64	0.24	5.17	< .001
y1	y1	1.94	0.40	1.17	2.72	0.29	4.91	< .001
y2	y2	6.49	1.18	4.17	8.81	0.42	5.48	< .001
y3	y3	5.34	0.94	3.49	7.19	0.50	5.66	< .001
y4	y4	2.89	0.61	1.69	4.08	0.26	4.73	< .001
y5	y5	2.39	0.45	1.51	3.27	0.35	5.35	< .001
y6	y6	4.34	0.80	2.78	5.90	0.39	5.46	< .001
y7	y7	3.51	0.67	2.20	4.82	0.33	5.25	< .001
y8	y8	2.94	0.59	1.79	4.09	0.28	5.02	< .001
ind60	ind60	0.45	0.09	0.28	0.62	1.00	5.17	< .001
dem60	dem60	3.87	0.89	2.12	5.62	0.80	4.34	< .001
dem65	dem65	0.11	0.20	-0.28	0.51	0.03	0.57	0.565

Intercepts

Variable	Intercept	SE	95% Confidence Intervals		z	p
			Lower	Upper		
x1	5.05	0.08	4.89	5.22	60.13	< .001
x2	4.79	0.17	4.45	5.13	27.66	< .001
x3	3.56	0.16	3.24	3.87	22.07	< .001
y1	5.46	0.30	4.88	6.05	18.17	< .001
y2	4.26	0.45	3.37	5.14	9.40	< .001
y3	6.56	0.38	5.83	7.30	17.44	< .001
y4	4.45	0.38	3.70	5.21	11.59	< .001
y5	5.14	0.30	4.55	5.72	17.14	< .001
y6	2.98	0.39	2.22	3.74	7.70	< .001
y7	6.20	0.38	5.46	6.94	16.44	< .001
y8	4.04	0.37	3.31	4.77	10.86	< .001
ind60	0.00	0.00	0.00	0.00		
dem60	0.00	0.00	0.00	0.00		
dem65	0.00	0.00	0.00	0.00		

이어서 모형의 그림에 회귀계수 및 요인계수(Coefficients)를 나타내면 다음과 같다.

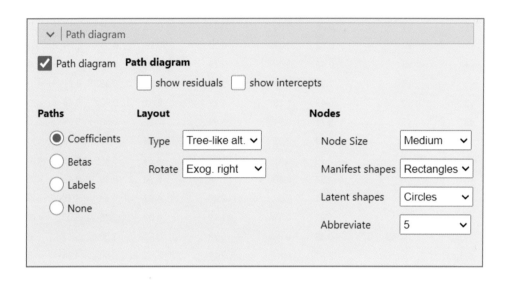

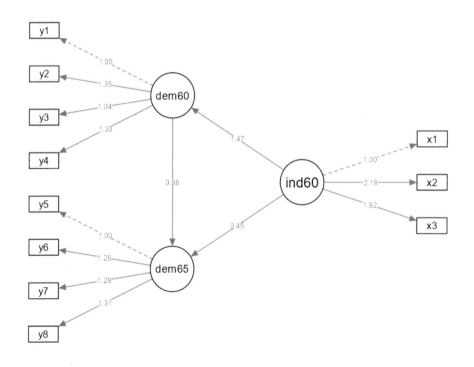

한편, 표준화된 계수(Betas)를 나타내면 다음과 같다. 회귀계수 중 dem60이 dem65에 미치는 영향이 가장 크다는(Beta=0.91) 것을 알 수 있다.

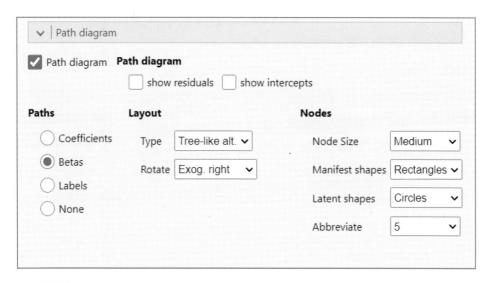

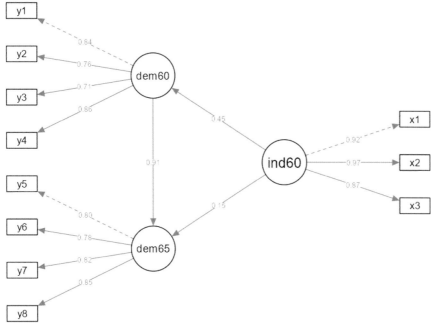

4. 모형 수정

앞서 분석한 모형은 시계열 데이터에 기반한 모형이므로 동일한 내용을 측정하는 측정변수, 즉 y1, y2, y3, y4는 y5, y6, y7, y8과 서로 상관이 있음을 이론적으로 이해할 수 있다. 따라서 측정변수 간의 상관을 인정하는 모형으로 수정할 필요가 있다. 그리고 모형을 수정하고자 할 때 활용하는 Modification indices를 선택하면 다음과 같이 각 측정변수들의 상관을 고려해야 할 통계적 수치, 즉 수정지수 (Modification index)를 제공하고 있음을 알 수 있다(Rosseel, 2023b). 이를 살펴보면 y2~~y4, y6~~y8은 수정지수가 각각 4.91, 8.67로 나타났으며, 미지수의 변화에 대한 기대치(Expected Parameter Change: EPC) 또한 1.43, 1.51로 높음을 알 수 있다.

Modification indices			Modif. index	EPC	sEPC (LV)	sEPC (all)	sEPC (nox)
y2	~~	y6	9.28	2.13	2.13	0.40	0.40
y6	~~	y8	8.67	1.51	1.51	0.42	0.42
y1	~~	y5	8.18	0.88	0.88	0.41	0.41
y3	~~	y6	6.57	-1.59	-1.59	-0.33	-0.33
y1	~~	y3	5.20	1.02	1.02	0.32	0.32
y2	~~	y4	4.91	1.43	1.43	0.33	0.33
y3	~~	y7	4.09	1.15	1.15	0.27	0.27
ind60	=~	y5	4.01	0.76	0.51	0.20	0.20

Note. expected parameter changes and their standardized forms (sEPC); for latent variables (LV), all variables (all), and latent and observed variables except for the exogenous observed variables (nox)

따라서 이론적 및 통계적 분석 결과의 근거를 바탕으로 원 모형을 수정하면 다음과 같은 수정 모형을 만들 수 있다.

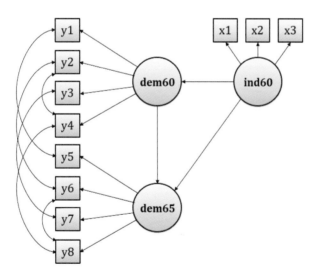

출처: Rossell (2023b), p. 9.

수정 모형으로 분석하기 위해 다음과 같이 분산 및 공분산 대화상자(Variances and covariances)에서 측정변수의 잔차 상관(residual correlations)을 고려한 pairs를 설정한 후 분석을 실행한다.

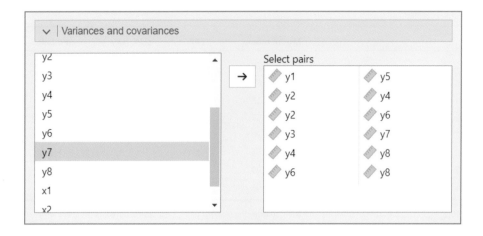

그러면 다음과 같이 모형에 대한 정보가 나타나는데, 여기에 측정변수의 잔차 상관을 포함한 모형이 나타남을 알 수 있다.

Estimation Method	ML
Optimization Method	NLMINB
Number of observations	75
Free parameters	42
Standard errors	Standard
Scaled test	None
Converged	TRUE
Iterations	68
Model	ind60=~x1+x2+x3
	dem60=~y1+y2+y3+y4
	dem65=~y5+y6+y7+y8
	dem60~ind60
	dem65~ind60+dem60
	y1~~y5
	y2~~y4
	y2~~y6
	y3~~y7
	y4~~y8
	y6~~y8

  그리고 모형적합도는 $\chi^2 = 38.1(p = 0.329)$, CFI=1.00, TLI=0.99, RMSEA=
0.03, SRMR=0.04로 나타났다. 이 결과는 모형 수정 전의 적합도와 비교할 때 전
반적으로 더 좋은 적합도를 나타내고 있음을 알 수 있다. 특히 엄격한 검정값에 해
당되는 χ^2값도 $p = 0.329$로 나타나 모형이 데이터에 적합하다는 영가설을 기각하
지 못하게 되어 모형의 적합성을 더 확실하게 보여 준다.

Model tests

Label	X^2	df	p
User Model	38.13	35	0.329
Baseline Model	730.65	55	< .001

Fit indices

		95% Confidence Intervals		
SRMR	RMSEA	Lower	Upper	RMSEA p
0.04	0.03	0.00	0.09	0.611

User model versus baseline model

	Model
Comparative Fit Index (CFI)	1.00
Tucker-Lewis Index (TLI)	0.99
Bentler-Bonett Non-normed Fit Index (NNFI)	0.99
Relative Noncentrality Index (RNI)	1.00
Bentler-Bonett Normed Fit Index (NFI)	0.95
Bollen's Relative Fit Index (RFI)	0.92
Bollen's Incremental Fit Index (IFI)	1.00
Parsimony Normed Fit Index (PNFI)	0.60

이어서 분석 결과를 살펴보면, 먼저 요인계수, 잠재변수의 회귀계수가 제시되어 있다. 모형 수정 이전과 마찬가지로 각 잠재변수의 요인계수는 모두 통계적으로 유의한 것으로 나타났으며, 잠재변수의 회귀계수 또한 모두 유의하게 나타났다. 그리고 추가로 측정변수의 잔차분산과 잠재변수의 분산 그리고 측정변수 간의 공분산이 제시되어 있다.

Parameters estimates

Dep	Pred	Estimate	SE	95% Confidence Intervals		β	z	p
				Lower	Upper			
dem60	ind60	1.48	0.40	0.70	2.27	0.45	3.72	< .001
dem65	ind60	0.57	0.22	0.14	1.01	0.18	2.59	0.010
dem65	dem60	0.84	0.10	0.64	1.03	0.89	8.51	< .001

Measurement model

Latent	Observed	Estimate	SE	95% Confidence Intervals		β	z	p
				Lower	Upper			
ind60	x1	1.00	0.00	1.00	1.00	0.92		
	x2	2.18	0.14	1.91	2.45	0.97	15.74	< .001
	x3	1.82	0.15	1.52	2.12	0.87	11.97	< .001
dem60	y1	1.00	0.00	1.00	1.00	0.85		
	y2	1.26	0.18	0.90	1.61	0.72	6.89	< .001
	y3	1.06	0.15	0.76	1.35	0.72	6.99	< .001
	y4	1.26	0.15	0.98	1.55	0.85	8.72	< .001
dem65	y5	1.00	0.00	1.00	1.00	0.81		
	y6	1.19	0.17	0.85	1.52	0.75	7.02	< .001
	y7	1.28	0.16	0.97	1.59	0.82	8.00	< .001
	y8	1.27	0.16	0.96	1.58	0.83	8.01	< .001

Variances and Covariances

Variable 1	Variable 2	Estimate	SE	95% Confidence Intervals		β	z	p
				Lower	Upper			
y1	y5	0.62	0.36	−0.08	1.33	0.30	1.74	0.082
y2	y4	1.31	0.70	−0.06	2.69	0.27	1.87	0.061
y2	y6	2.15	0.73	0.71	3.59	0.36	2.93	0.003
y3	y7	0.79	0.61	−0.40	1.99	0.19	1.31	0.191
y4	y8	0.35	0.44	−0.52	1.22	0.11	0.79	0.431
y6	y8	1.36	0.57	0.24	2.47	0.34	2.39	0.017
x1	x1	0.08	0.02	0.04	0.12	0.15	4.18	< .001
x2	x2	0.12	0.07	−0.02	0.26	0.05	1.72	0.086
x3	x3	0.47	0.09	0.29	0.64	0.24	5.18	< .001
y1	y1	1.89	0.44	1.02	2.76	0.28	4.26	< .001
y2	y2	7.37	1.37	4.68	10.07	0.49	5.37	< .001
y3	y3	5.07	0.95	3.20	6.93	0.48	5.32	< .001
y4	y4	3.15	0.74	1.70	4.60	0.28	4.26	< .001
y5	y5	2.35	0.48	1.41	3.29	0.35	4.90	< .001
y6	y6	4.95	0.91	3.16	6.75	0.44	5.42	< .001
y7	y7	3.43	0.71	2.03	4.83	0.32	4.81	< .001
y8	y8	3.25	0.69	1.89	4.62	0.31	4.68	< .001
ind60	ind60	0.45	0.09	0.28	0.62	1.00	5.17	< .001
dem60	dem60	3.96	0.92	2.15	5.76	0.80	4.29	< .001
dem65	dem65	0.17	0.21	−0.25	0.59	0.04	0.80	0.422

이어서 모형의 다이어그램을 제시하면 다음과 같이 나타난다.

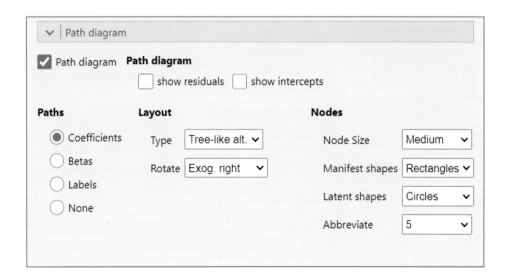

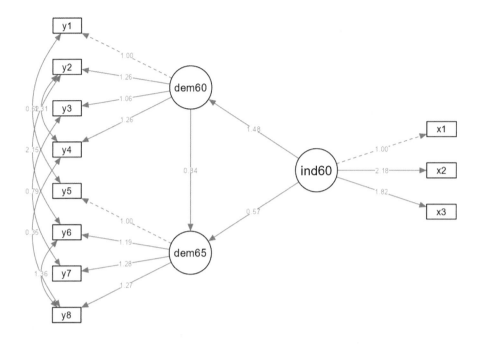

한편, 잠재변수의 신뢰도와 관련된 정보를 표시할 수 있는데, 다음 결과를 보면 각 잠재변수(Ind60, dem60, dem65)에 대한 알파신뢰도(α)와 잠재변수의 측정변수에 대한 분산의 설명력(AVE)을 확인할 수 있다. 알파신뢰도(α)는 모두 0.80 이상으로 내적 일관성 신뢰도가 확보되었음을 알 수 있으며, 분산의 설명력(AVE) 또는 모두 0.60을 초과하고 있어 분산의 설명력도 충분히 갖추고 있으므로 수렴타당도가 확보되었다고 하겠다.

Reliability indices

Variable	α	ω_1	ω_2	ω_3	AVE
ind60	0.90	0.94	0.94	0.94	0.86
dem60	0.86	0.84	0.84	0.84	0.60
dem65	0.88	0.86	0.86	0.86	0.64

한편, 잠재변수의 판별타당도를 확인할 수 있는 HTMT의 경우 다음 결과에서 보는 것처럼 dem60와 dem65의 HTMT 상관비율이 0.98로 나타나 기준 0.85를 초과하고 있는데, 이는 동일한 내용을 측정하는 시계열 변수의 특성을 감안하면 충분히 이해할 수 있다.

Heterotrait-monotrait (HTMT) ratio of correlations

	ind60	dem60	dem65
ind60	1.00	0.42	0.55
dem60	0.42	1.00	0.98
dem65	0.55	0.98	1.00

　　이제 PoliticalDemocracy에 대한 구조방정식모형의 원 모형과 수정 모형을 비교해 보자. 아직 jamovi에서는 두 모형을 비교하는 기능이 없으므로 R lavaan 패키지를 이용해서 다음과 같이 비교 분석할 수 있다(Rosseel, 2012).

　　분석 결과에서 보듯이 원 모형(fit_1)과 수정 모형(fit_3)의 χ^2값에 대한 anova 비교 분석을 실시하면 두 모형의 χ^2값의 차이(72.46-38.13), 즉 $\chi^2_d=34.3(p<0.001)$이 되므로 이 결과는 통계적으로 유의하다. 따라서 χ^2값, AIC 및 BIC가 작은 수정 모형(fit_3)을 선택하는 것이 적절하다고 하겠다(Finch & French, 2015).

　　모형적합도 지수를 비교해도 CFI, TLI, RMSEA 등 모든 지수에서 수정 모형(fit_3)의 적합도가 더 좋음을 알 수 있다. 따라서 원 모형(fit_1)보다는 수정 모형(fit_3)이 이론적으로나 통계적으로 더 적합한 모형임을 확인할 수 있다(황성동, 2021).

```
> # 모형비교2
> anova(fit_1, fit_3)

Chi-Squared Difference Test

      Df    AIC    BIC  Chisq Chisq diff   RMSEA Df diff Pr(>Chisq)
fit_3 35 3157.6 3229.4 38.125
fit_1 41 3179.9 3237.9 72.462     34.336 0.25094       6  5.792e-06 ***
---
Signif. codes:  0 '***' 0.001 '**' 0.01 '*' 0.05 '.' 0.1 ' ' 1
> fitMeasures(fit_1, c("cfi", "tli", "rmsea", "srmr"))
  cfi   tli rmsea  srmr
0.953 0.938 0.101 0.055
> fitMeasures(fit_3, c("cfi", "tli", "rmsea", "srmr"))
  cfi   tli rmsea  srmr
0.995 0.993 0.035 0.044
> AIC(fit_1)
[1] 3179.918
> AIC(fit_3)
[1] 3157.582
```

5. 매개효과모형

　　매개효과모형은 [그림 3-1]과 같이 독립변수(X)가 매개변수(M)을 통하여 종속변수(Y)에 간접적으로 영향을 미치는 모형을 말한다. 그리고 X가 Y에 영향을 주는 직접효과(c)가 유의한지 아닌지에 따라 부분매개 또는 완전매개의 효과가 있다고 해석한다.

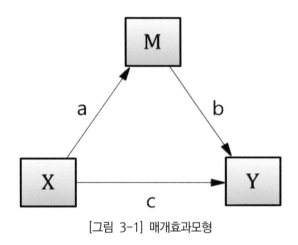

[그림 3-1] 매개효과모형

　　매개효과분석을 위해 다음과 같이 데이터 ADHD.csv를 불러온다. 이 데이터는 교사를 대상으로 ADHD에 대한 지식이 공감능력을 통해 학생에 적절한 개입을 하는지에 관한 데이터다. 여기서 측정변수 general ~ instruct는 먼저 연속형 변수로 전환되어야 한다.

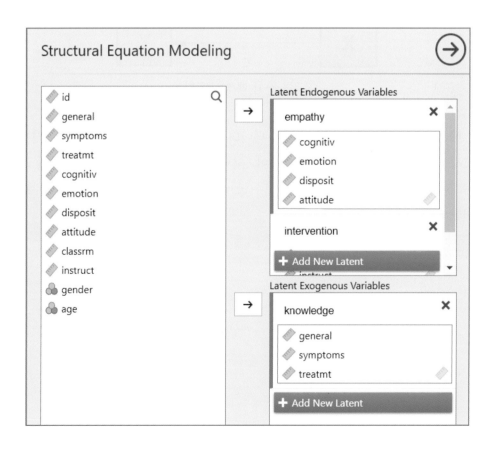

그리고 다음과 같이 세 잠재변수를 설정한다. 여기서 잠재 독립변수(Exogenous variable)는 knowledge, 잠재 종속변수(Endogenous variables)는 empathy 및 intervention 으로 설정한다.

Endogenous models 대화상자에서는 다음과 같이 endogenous 잠재변수와 exogenous 잠재변수를 설정한다. 즉, knowledge가 empathy에 영향을 미치고, knowledge 및 empathy는 intervention에 영향을 주는 것으로 설정한다. 이어서 Parameters options에서 Indirect Effects를 추정하도록 체크한다. 한편 모형 추정 방법은 구조방정식모형에서와 마찬가지로 Model options 대화상자에서 최대우도 법(ML)을 선택하였다.

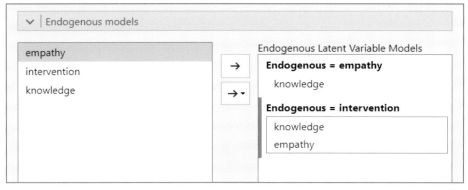

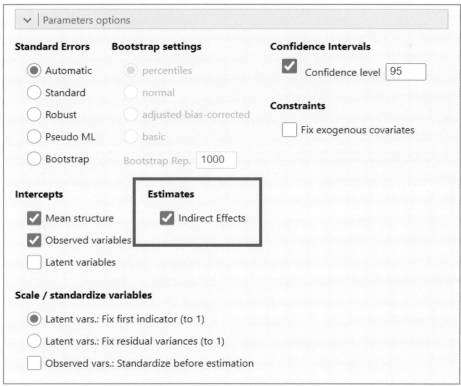

그러면 먼저 모형에 대한 정보가 다음과 같이 제시된다. 여기서 보면 세 잠재변
수에 대한 측정모형과 잠재변수 간의 회귀모형이 제시되어 있음을 알 수 있다.

Models Info

Estimation Method	ML
Optimization Method	NLMINB
Number of observations	334
Free parameters	30
Standard errors	Standard
Scaled test	None
Converged	TRUE
Iterations	68
Model	knowledge=~general+symptoms+treatmt
	empathy=~cognitiv+emotion+disposit+attitude
	intervention=~classrm+instruct
	empathy~knowledge
	intervention~knowledge+empathy

이어서 모형적합도에 대한 결과를 살펴보면 $\chi^2 = 31.2(p = 0.149)$, CFI=1.00, TLI=0.99, RMSEA=0.03, SRMR=0.03으로 나타나 모든 적합도 지수에서 아주 좋은 적합도를 나타내고 있음을 알 수 있다.

Model tests

Label	X²	df	p
User Model	31.19	24	0.149
Baseline Model	1556.97	36	< .001

Fit indices

		95% Confidence Intervals		
SRMR	RMSEA	Lower	Upper	RMSEA p
0.03	0.03	0.00	0.06	0.880

User model versus baseline model

	Model
Comparative Fit Index (CFI)	1.00
Tucker-Lewis Index (TLI)	0.99
Bentler-Bonett Non-normed Fit Index (NNFI)	0.99
Bentler-Bonett Normed Fit Index (NFI)	0.98
Parsimony Normed Fit Index (PNFI)	0.65
Bollen's Relative Fit Index (RFI)	0.97
Bollen's Incremental Fit Index (IFI)	1.00
Relative Noncentrality Index (RNI)	1.00

이어서 측정모형(Measurement model)을 보면 각 잠재변수의 측정변수에 대한 요인계수 추정치는 모두 통계적으로 유의한 것으로 나타났다($p < 0.001$). 그리고 회귀모형에서는 knowledge의 intervention에 대한 직접효과는 통계적으로 유의하지 않은 것으로 나타났지만($z = 0.61$, $p = 0.543$), 나머지 knowledge가 empathy에 미치는 효과($z = 3.03$, $p = 0.002$)와 empathy가 intervention에 미치는 효과($z = 10.36$, $p < 0.001$)는 모두 유의한 것으로 나타났다.

Parameters estimates

Dep	Pred	Estimate	SE	95% Confidence Intervals		β	z	p
				Lower	Upper			
empathy	knowledge	0.30	0.10	0.11	0.50	0.21	3.03	0.002
intervention	knowledge	0.11	0.17	-0.23	0.45	0.03	0.61	0.543
intervention	empathy	1.24	0.12	1.01	1.48	0.58	10.36	< .001

Measurement model

Latent	Observed	Estimate	SE	95% Confidence Intervals		β	z	p
				Lower	Upper			
knowledge	general	1.00	0.00	1.00	1.00	0.75		
	symptoms	0.58	0.07	0.45	0.72	0.63	8.51	< .001
	treatmt	0.75	0.09	0.58	0.92	0.69	8.63	< .001
empathy	cognitiv	1.00	0.00	1.00	1.00	0.81		
	emotion	0.95	0.06	0.84	1.06	0.82	16.37	< .001
	disposit	1.40	0.09	1.22	1.58	0.78	15.40	< .001
	attitude	0.96	0.06	0.85	1.08	0.81	16.16	< .001
intervention	classrm	1.00	0.00	1.00	1.00	0.99		
	instruct	0.85	0.05	0.76	0.94	0.89	18.63	< .001

그리고 매개효과, 즉 knowledge가 empathy를 통한 intervention에 대한 효과를 살펴보면 통계적으로 유의하게($z = 2.95$, $p = 0.003$) 나타났다. 따라서 knowledge가 intervention에 미치는 직접효과가 유의하지 않음을 고려하면 이 모형에서는 완전매개효과가 있다고 하겠다.

Defined parameters

Label	Description	Parameter	Estimate	SE	95% Confidence Intervals		β	z	p
					Lower	Upper			
IE1	knowledge ⇒ empathy ⇒ intervention	p10*p12	0.38	0.13	0.13	0.63	0.12	2.95	0.003

아울러 측정변수 및 잠재변수에 대한 잔차분산 및 분산이 다음과 같이 제시되었다.

Variances and Covariances

Variable 1	Variable 2	Estimate	SE	95% Confidence Intervals		β	z	p
				Lower	Upper			
general	general	2.69	0.40	1.90	3.48	0.44	6.65	< .001
symptoms	symptoms	1.72	0.18	1.37	2.07	0.60	9.63	< .001
treatmt	treatmt	2.08	0.25	1.58	2.57	0.52	8.24	< .001
cognitiv	cognitiv	3.73	0.39	2.98	4.49	0.34	9.68	< .001
emotion	emotion	3.16	0.33	2.51	3.82	0.33	9.47	< .001
disposit	disposit	9.11	0.88	7.38	10.84	0.39	10.33	< .001
attitude	attitude	3.48	0.36	2.78	4.18	0.34	9.69	< .001
classrm	classrm	0.65	1.50	-2.30	3.60	0.02	0.43	0.665
instruct	instruct	6.64	1.21	4.27	9.01	0.21	5.49	< .001
knowledge	knowledge	3.42	0.55	2.35	4.50	1.00	6.24	< .001
empathy	empathy	6.93	0.81	5.34	8.52	0.96	8.54	< .001
intervention	intervention	21.95	2.35	17.34	26.57	0.66	9.33	< .001

한편, 모형 그림(Path diagram)은 다음과 같이 잠재 독립변수(knowledge)를 오른쪽이나 상단에 위치하도록 조정할 수 있다. 그리고 변수의 이름도 글자 수를 10글자 또는 5글자로 제한할 수 있다.

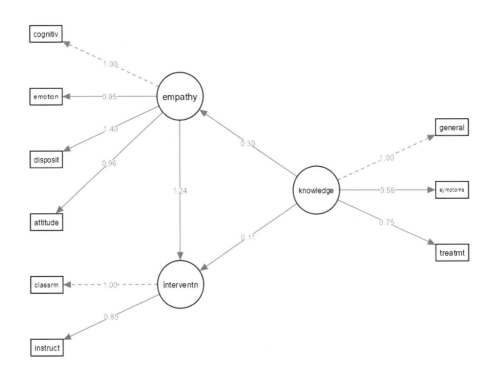

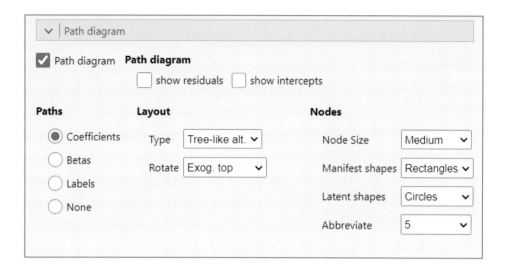

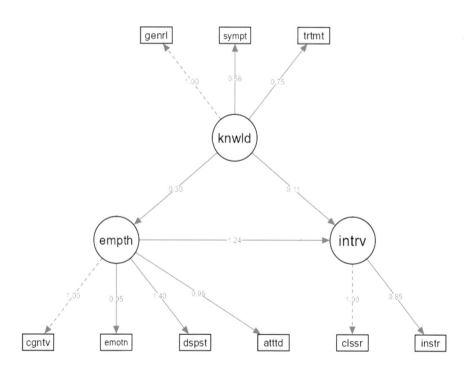

6. 다집단 분석(multiple groups analysis)

앞서 분석한 ADHD.csv 데이터를 이용한 매개효과모형을 이번에는 성별(gender)
로 나누어 집단별로 분석해 보자. 이때 변수 설정에서 성별 변수인 gender를 다집
단 변수(Multigroup Analysis Factor)로 설정한다.

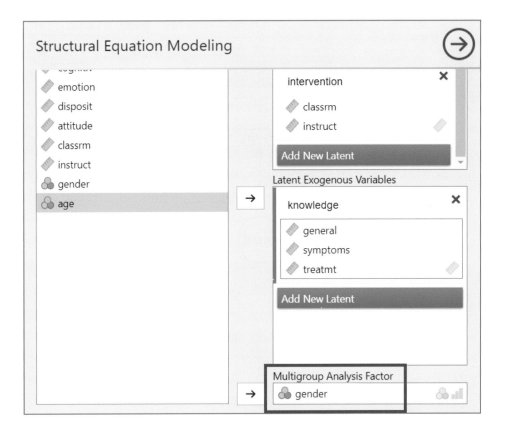

먼저, 모형에 대한 정보를 보면 다음에서 보는 것처럼 다집단 변수로 gender가
명시되어 있음을 확인할 수 있다.

Model	knowledge=~general+symptoms+treatmt
	empathy=~cognitiv+emotion+disposit+attitude
	intervention=~classrm+instruct
	empathy~knowledge
	intervention~knowledge+empathy
Multi-group variable	gender

집단별로 분석할 경우에는 다음에서 보는 것처럼 Multi-group analysis 대화상자에서 보통 요인계수(Loadings), 측정변수의 절편(Intercepts) 및 오차분산(Residuals)을 동일하도록(Equality constraints) 설정하는 것이 일반적이다. 이는 다집단 분석에서 다소 엄격한 동일화 제약 조건이긴 하지만 보다 정밀한 검정 결과를 기대할 수 있는 장점이 있다.

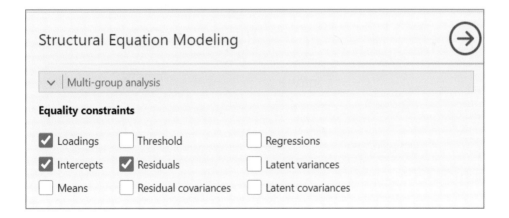

참고로 이렇게 동일하게 규정한 요인계수(Loadings), 측정변수의 절편(Intercepts) 및 오차분산(Residuals)에 대한 레이블이 어떻게 규정되고 있는지는 다음에 제시된 분석 결과와 모형 그림에서 확인할 수 있다.

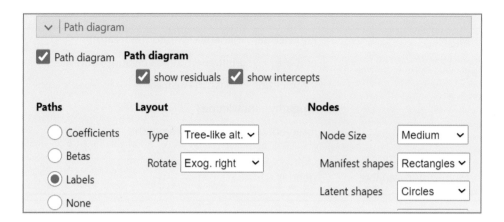

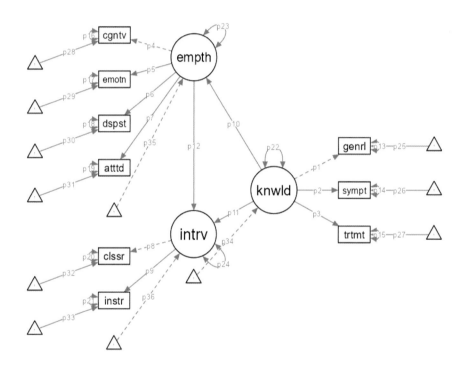

Constraints score tests

Type	Par 1		Par 2	X²	df	p	
Univariate	p2	==	p38	0.04	1	0.833	loadings (요인계수)
	p3	==	p39	0.06	1	0.801	
	p5	==	p41	0.47	1	0.493	
	p6	==	p42	1.37	1	0.243	
	p7	==	p43	0.46	1	0.496	
	p9	==	p45	0.86	1	0.354	
	p13	==	p49	0.01	1	0.919	residuals (오차분산)
	p14	==	p50	1.92	1	0.166	
	p15	==	p51	1.16	1	0.282	
	p16	==	p52	7.57	1	0.006	
	p17	==	p53	11.30	1	< .001	
	p18	==	p54	0.63	1	0.426	
	p19	==	p55	14.01	1	< .001	
	p20	==	p56	2.47	1	0.116	
	p21	==	p57	0.56	1	0.453	
	p25	==	p61	2.98	1	0.084	intercepts (절편)
	p26	==	p62	6.86	1	0.009	
	p27	==	p63	0.37	1	0.541	
	p28	==	p64	4.56	1	0.033	
	p29	==	p65	3.07	1	0.080	
	p30	==	p66	0.47	1	0.495	
	p31	==	p67	0.09	1	0.770	
	p32	==	p68	0.06	1	0.814	
	p33	==	p69	0.06	1	0.814	
Total				51.20	24	< .001	

다집단 분석의 모형적합도를 살펴보면 전체 집단에 대한 모형적합도와 큰 차이가 없음을 알 수 있다.

Fit indices

		95% Confidence Intervals		
SRMR	RMSEA	Lower	Upper	RMSEA p
0.05	0.05	0.03	0.07	0.434

User model versus baseline model

	Model
Comparative Fit Index (CFI)	0.98
Tucker-Lewis Index (TLI)	0.98
Bentler-Bonett Non-normed Fit Index (NNFI)	0.98
Bentler-Bonett Normed Fit Index (NFI)	0.94
Parsimony Normed Fit Index (PNFI)	0.90
Bollen's Relative Fit Index (RFI)	0.93
Bollen's Incremental Fit Index (IFI)	0.98
Relative Noncentrality Index (RNI)	0.98

분석 결과로, 먼저 측정모형(Measurement model)을 살펴보면 두 집단(남성, 여성)의 요인계수가 동일하게 설정되어 있음을 알 수 있다. 그리고 모두 통계적으로 유의한 것으로 나타났다.

Measurement model

Group	Latent	Observed	Estimate	SE	95% Confidence Intervals		β	z	p
					Lower	Upper			
0	knowledge	general	1.00	0.00	1.00	1.00	0.78		
		symptoms	0.60	0.07	0.46	0.73	0.69	8.65	< .001
		treatmt	0.75	0.09	0.58	0.92	0.73	8.77	< .001
	empathy	cognitiv	1.00	0.00	1.00	1.00	0.82		
		emotion	0.95	0.06	0.84	1.06	0.83	16.40	< .001
		disposit	1.40	0.09	1.22	1.58	0.79	15.40	< .001
		attitude	0.96	0.06	0.85	1.08	0.82	16.15	< .001
	intervention	classrm	1.00	0.00	1.00	1.00	0.99		
		instruct	0.86	0.05	0.77	0.95	0.88	19.00	< .001
1	knowledge	general	1.00	0.00	1.00	1.00	0.72		
		symptoms	0.60	0.07	0.46	0.73	0.62	8.65	< .001
		treatmt	0.75	0.09	0.58	0.92	0.67	8.77	< .001
	empathy	cognitiv	1.00	0.00	1.00	1.00	0.80		
		emotion	0.95	0.06	0.84	1.06	0.81	16.40	< .001
		disposit	1.40	0.09	1.22	1.58	0.77	15.40	< .001
		attitude	0.96	0.06	0.85	1.08	0.80	16.15	< .001
	intervention	classrm	1.00	0.00	1.00	1.00	0.99		
		instruct	0.86	0.05	0.77	0.95	0.89	19.00	< .001

이어서 잠재 회귀모형의 추정된 모수(Parameter estimates)를 살펴보면, 남성의 경우(gender=0) empathy가 intervention에 미치는 영향력만 통계적으로 유의하지만($z=5.69$, $p<0.001$), 여성의 경우(gender=1)에는 knowledge가 empathy에 미치는 영향($z=2.48$, $p=0.013$)과 empathy가 intervention에 미치는 영향($z=8.88$, $p<0.001$)이 모두 유의함을 알 수 있다.

Parameters estimates

Group	Dep	Pred	Estimate	SE	95% Confidence Intervals		β	z	p
					Lower	Upper			
0	empathy	knowledge	0.22	0.18	-0.14	0.57	0.16	1.20	0.229
	intervention	knowledge	0.42	0.29	-0.15	0.99	0.15	1.45	0.148
	intervention	empathy	1.17	0.21	0.76	1.57	0.58	5.69	< .001
1	empathy	knowledge	0.30	0.12	0.06	0.53	0.20	2.48	0.013
	intervention	knowledge	-0.06	0.22	-0.49	0.37	-0.02	-0.27	0.791
	intervention	empathy	1.25	0.14	0.98	1.53	0.57	8.88	< .001

따라서 다음 간접효과의 결과에서 보는 것처럼 남성의 경우(IE1) 매개효과가 유의하지 않지만($z = 1.19$, $p = 0.235$), 여성의 경우(IE2) 유의한 것으로 나타났다($z = 2.40$, $p = 0.017$).

Defined parameters

Label	Description	Parameter	Estimate	SE	95% Confidence Intervals Lower	Upper	β	z	p
IE1	(knowledge ⇒ empathy ⇒ intervention)₁	p10*p12	0.25	0.21	-0.16	0.67	0.09	1.19	0.235
IE2	(knowledge ⇒ empathy ⇒ intervention)₂	p46*p48	0.37	0.16	0.07	0.68	0.11	2.40	0.017

Note. Description subscripts refer to groups, with 1= group 0, 2= group 1

이어서 남성과 여성의 경우 분석 결과 모형을 제시하면 다음과 같다. 앞서 본 바와 같이 측정변수에 대한 요인계수는 동일하게 설정되어 있음을 알 수 있다.

gender=0 (남성)

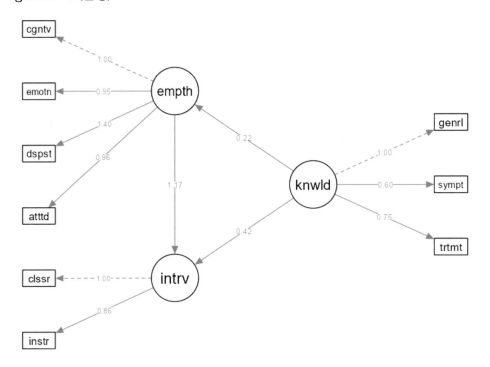

gender=1 (여성)

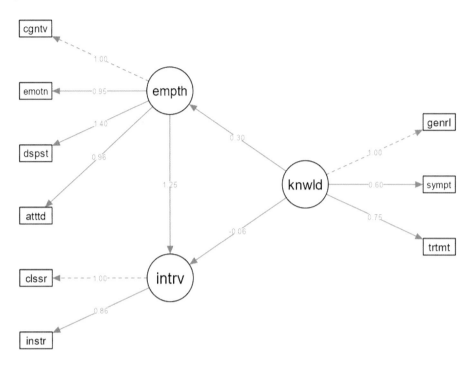

제**4**장

JASP를 이용한 구조방정식모형

1 확인적 요인분석

2 구조방정식모형

3 매개효과모형

4 MIMIC모형

5 잠재성장모형

JASP은 네덜란드 암스테르담 대학교(University of Amsterdam)에서 개발한 무료 통계분석 프로그램으로 https://jasp-stats.org에서 내려받을 수 있다. 최신 버전은 0.19.0이지만 여기서는 JASP 0.17.2.1 버전을 주로 사용하였다.

JASP이 설치되면 다음과 같이 초기 화면이 나타난다.

구조방정식모형을 분석하기 위해서는 SEM 모듈이 필요한데, 이를 위해 오른쪽 상단 '+' 버튼을 클릭한 후 SEM을 체크한다.

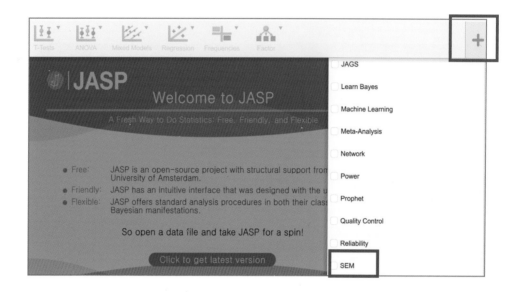

그리고 다음과 같이 JASP에 있는 데이터를 SEM 관련 데이터를 불러올 수 있다.

Open > Data Library > 14. SEM

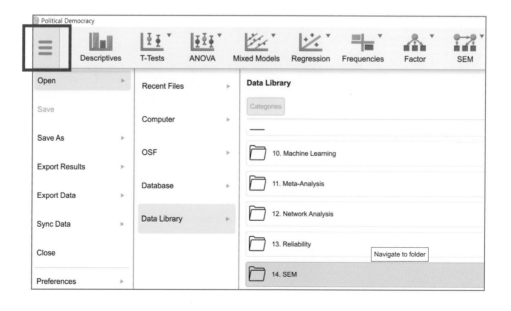

1. 확인적 요인분석

여기서 사용할 데이터는 앞에서 사용한 중학생들을 대상으로 한 지능검사 결과에 대한 데이터 HS1939.csv이며, 여기에는 9개의 측정변수가 있다. 먼저, 다음과 같이 데이터를 불러온다.

HS1939.csv

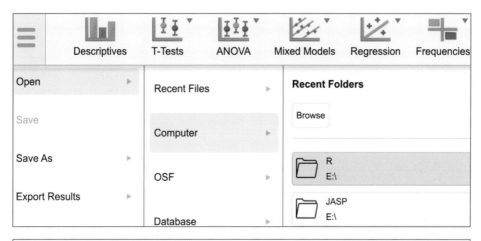

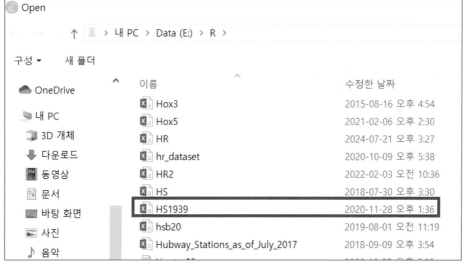

데이터를 불러온 후 다음과 같이 SEM 분석 메뉴에서 Structural Equation Modeling 을 클릭한다.

	x1	x2	x3	x4	x5	x6	x7	x8	x9
1	3.3333333	7.75	0.375	2.3333333	5.75	1.2857143	3.3913043	5.75	6.3611111
2	5.3333333	5.25	2.125	1.6666667	3	1.2857143	3.7826087	6.25	7.9166667
3	4.5	5.25	1.875	1	1.75	0.42857143	3.2608696	3.9	4.4166667
4	5.3333333	7.75	3	2.6666667	4.5	2.4285714	3	5.3	4.8611111
5	4.8333333	4.75	0.875	2.6666667	4	2.5714286	3.6956522	6.3	5.9166667
6	5.3333333	5	2.25	1	3	0.85714286	4.3478261	6.65	7.5
7	2.8333333	6	1	3.3333333	6	2.8571429	4.6956522	6.2	4.8611111
8	5.6666667	6.25	1.875	3.6666667	4.25	1.2857143	3.3913043	5.15	3.6666667
9	4.5	5.75	1.5	2.6666667	5.75	2.7142857	4.5217391	4.65	7.3611111
10	3.5	5.25	0.75	2.6666667	5	2.5714286	4.1304348	4.55	4.3611111
11	3.6666667	5.75	2	2	3.5	1.5714286	3.7391304	5.7	4.3055556
12	5.8333333	6	2.875	2.6666667	4.5	2.7142857	3.6956522	5.15	4.1388889

	x1	x2	x3	x4	x5	x6	x7		
1	3.3333333	7.75	0.375	2.3333333	5.75	1.2857143	3.3913043		Structural Equation Modeling
2	5.3333333	5.25	2.125	1.6666667	3	1.2857143	3.7826087		Partial Least Squares SEM
3	4.5	5.25	1.875	1	1.75	0.42857143	3.2608696		Mediation Analysis
									MIMIC Model
4	5.3333333	7.75	3	2.6666667	4.5	2.4285714	3	5.3	Latent Growth
5	4.8333333	4.75	0.875	2.6666667	4	2.5714286	3.6956522	6.3	5.9166667
6	5.3333333	5	2.25	1	3	0.85714286	4.3478261	6.65	7.5
7	2.8333333	6	1	3.3333333	6	2.8571429	4.6956522	6.2	4.8611111

　　그리고 분석을 위해 다음의 확인적 요인분석을 위한 **R 코드**를 분석창에 입력한 후 Ctrl + Enter 키를 눌러서 실행한다. 이 코드는 제2장에서 사용한 R 코드와 동일하다.

```
# measurement model
visual =~ x1 + x2 + x3
textual =~ x4 + x5 + x6
speed =~ x7 + x8 + x9
```

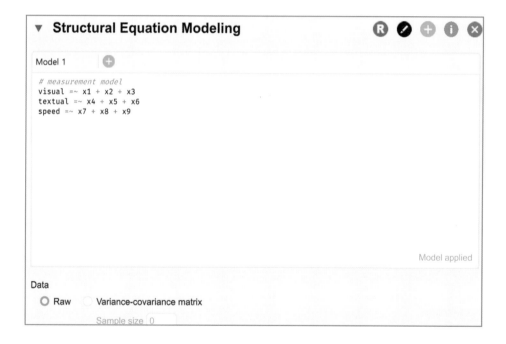

이어서 결과 옵션(Output options), 모형 옵션(Model options), 추정 옵션(Estimation options) 대화상자에서 다음과 같이 선택한다.

▼ Output options

- ☑ Additional fit measures
- ☐ R-squared
- ☐ Observed covariances
- ☐ Implied covariances
- ☐ Residual covariances
- ☐ Standardized residuals
- ☐ Mardia's coefficient

- ☐ Standardized estimates
- ☑ Path diagram
  - ☑ Show parameter estimates
  - ☐ Show legend
- ☐ Modification indices
  - ☐ Hide low indices
  - Threshold [10]

▼ Model Options

Factor scaling [Factor loadings ▼]
- ☐ Include mean structure
- ☐ Fix manifest intercepts to zero
- ☑ Fix latent intercepts to zero
- ☐ Assume factors uncorrelated

- ☑ Fix exogenous covariates
- ☑ Omit residual single indicator
- ☑ Include residual variances
- ☑ Correlate exogenous latents
- ☑ Correlate dependent variables
- ☑ Add thresholds
- ☑ Add scaling parameters
- ☑ Constrain EFA blocks

▼ Estimation options

Information matrix [Expected ▼]
Error calculation
- ◉ Standard
- ◯ Robust
- ◯ Bootstrap
  - Bootstrap samples [1000]
  - Type [Bias-corrected percentile ▼]
Confidence intervals [95.0] %

- ☐ Standardize variables before estimation
- Estimator [Auto ▼]
- Model test [Auto ▼]
- Missing data handling [FIML ▼]
- Emulation [None ▼]

우선, 분석모형의 적합도를 살펴보면 다음에서 보는 것처럼 $\chi^2 = 85.3(p <$ 0.001), CFI=0.93, TLI=0.90, RMSEA=0.09, SRMR=0.06으로 나타나 χ^2를 제외하고는 모형적합도(Fit indices)는 비교적 적합하다고 볼 수 있다(홍세희, 2000; Brown & Cudeck, 1992; Roseel, 2012).

Structural Equation Modeling

Model fit

	AIC	BIC	n	Baseline test			Difference test		
				χ^2	df	p	$\Delta\chi^2$	Δdf	p
Model 1	7535.490	7646.703	301	85.306	24	< .001	85.306	24	< .001

Additional fit measures

Fit indices

Index	Value
Comparative Fit Index (CFI)	0.931
T-size CFI	0.870
Tucker-Lewis Index (TLI)	0.896
Bentler-Bonett Non-normed Fit Index (NNFI)	0.896
Bentler-Bonett Normed Fit Index (NFI)	0.907
Parsimony Normed Fit Index (PNFI)	0.605
Bollen's Relative Fit Index (RFI)	0.861
Bollen's Incremental Fit Index (IFI)	0.931
Relative Noncentrality Index (RNI)	0.931

Note. T-size CFI is computed for $\alpha = 0.05$
Note. The T-size equivalents of the conventional CFI cut-off values (poor < 0.90 < fair < 0.95 < close) are **poor < 0.837 < fair < 0.906 < close** for model: Model 1

Other fit measures ▼

Metric	Value
Root mean square error of approximation (RMSEA)	0.092
RMSEA 90% CI lower bound	0.071
RMSEA 90% CI upper bound	0.114
RMSEA p-value	6.612×10^{-4}
T-size RMSEA	0.114
Standardized root mean square residual (SRMR)	0.060
Hoelter's critical N (α = .05)	129.490
Hoelter's critical N (α = .01)	152.654
Goodness of fit index (GFI)	0.996
McDonald fit index (MFI)	0.903
Expected cross validation index (ECVI)	0.483

Note. T-size RMSEA is computed for $\alpha = 0.05$
Note. The T-size equivalents of the conventional RMSEA cut-off values (close < 0.05 < fair < 0.08 < poor) are **close < 0.075 < fair < 0.103 < poor** for model: Model 1

분석 결과는 다음과 같이 나타나는데, 요인계수(factor loadings), 잠재변수의 분산 및 공분산(factor variances & covariances), 그리고 측정변수의 잔차분산(residual varinaces)이 제시되어 있다. 각 잠재변수의 요인계수는 모두 통계적으로 유의한 것으로 나타났으며, 분산 및 공분산 또한 모두 유의한 것으로 나타났다. 그리고 측정변수의 잔차분산도 모두 통계적으로 유의하게 나타났다.

Factor Loadings ▼

Latent	Indicator	Estimate	Std. Error	z-value	p	95% Confidence Interval Lower	Upper
speed	x7	1.000	0.000			1.000	1.000
	x8	1.180	0.165	7.152	< .001	0.857	1.503
	x9	1.082	0.151	7.155	< .001	0.785	1.378
textual	x4	1.000	0.000			1.000	1.000
	x5	1.113	0.065	17.014	< .001	0.985	1.241
	x6	0.926	0.055	16.703	< .001	0.817	1.035
visual	x1	1.000	0.000			1.000	1.000
	x2	0.554	0.100	5.554	< .001	0.358	0.749
	x3	0.729	0.109	6.685	< .001	0.516	0.943

Factor variances

Variable	Estimate	Std. Error	z-value	p	95% Confidence Interval	
					Lower	Upper
visual	0.809	0.145	5.564	< .001	0.524	1.094
textual	0.979	0.112	8.737	< .001	0.760	1.199
speed	0.384	0.086	4.451	< .001	0.215	0.553

Factor covariances

Variables	Estimate	Std. Error	z-value	p	95% Confidence Interval	
					Lower	Upper
visual - textual	0.408	0.074	5.552	< .001	0.264	0.552
visual - speed	0.262	0.056	4.660	< .001	0.152	0.373
textual - speed	0.173	0.049	3.518	< .001	0.077	0.270

Residual variances ▼

Variable	Estimate	Std. Error	z-value	p	95% Confidence Interval	
					Lower	Upper
x1	0.549	0.114	4.833	< .001	0.326	0.772
x2	1.134	0.102	11.146	< .001	0.934	1.333
x3	0.844	0.091	9.317	< .001	0.667	1.022
x4	0.371	0.048	7.779	< .001	0.278	0.465
x5	0.446	0.058	7.642	< .001	0.332	0.561
x6	0.356	0.043	8.277	< .001	0.272	0.441
x7	0.799	0.081	9.823	< .001	0.640	0.959
x8	0.488	0.074	6.573	< .001	0.342	0.633
x9	0.566	0.071	8.003	< .001	0.427	0.705

　확인적 요인분석 모형을 그림(model plot)으로 나타내면 다음과 같이 제시할 수 있다. 여기서는 요인계수와 잠재변수의 공분산뿐만 아니라 잠재변수의 분산과 측정변수의 잔차분산(residuals)도 제시되어 있다. JASP에서는 모형 플롯이 R이나 jamovi에서 보다 좀 더 선명하게 제시됨을 알 수 있다.

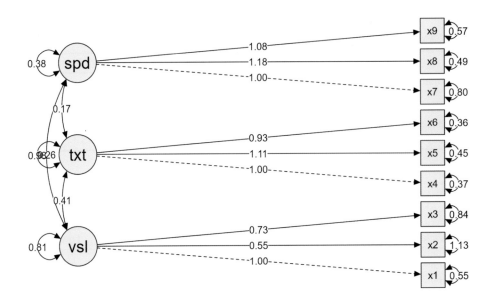

2. 구조방정식모형

　이번에는 온전한 구조방정식모형(full SEM)을 실행해 보자. 먼저, 분석을 위한 데이터로 JASP에 있는 Political Democracy를 다음과 같이 불러온다(Open > Data Library > Categories 14. SEM). 이 데이터는 jamovi에서 사용한 PoliticalDemocracy. csv와 동일하므로 이 데이터를 불러와도 무방하다.

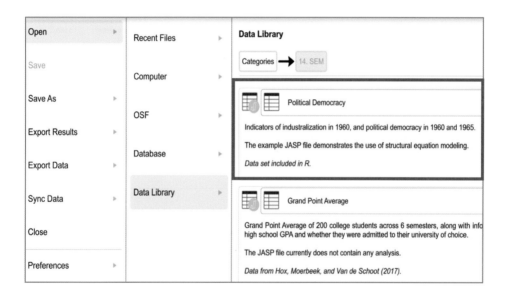

이어서 SEM 분석 메뉴에서 Structural Equation Modeling을 클릭하면 다음과 같이 구조방정식 syntax를 입력할 대화상자가 나타난다.

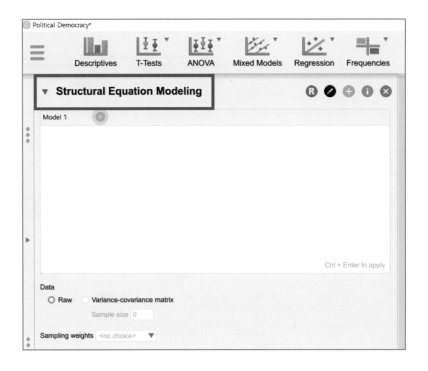

여기서 다음의 구조방정식모형에 대한 R syntax를 복사한 후 다음과 같이 대화
상자에 입력 한 후 실행(Crtl+Enter)한다. 여기서는 제2장, 제3장에서 사용된 수정
모형을 바로 적용하였다.

```
# A structural equation model
# latent variables
ind60 =~ x1 + x2 + x3
dem60 =~ y1 + y2 + y3 + y4
dem65 =~ y5 + y6 + y7 + y8
# regressions
dem60 ~ ind60
dem65 ~ ind60 + dem60
# residual covariances
y1 ~~ y5
y2 ~~ y4 + y6
y3 ~~ y7
y4 ~~ y8
y6 ~~ y8
```

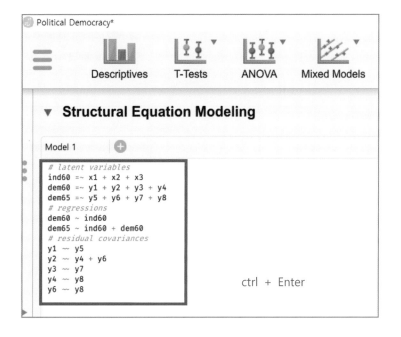

그리고 결과 옵션(Output options), 모형 옵션(Model options), 추정 옵션(Estimation options) 대화상자에서 다음과 같이 선택한다.

▼ Output options

☑ Additional fit measures	☐ Standardized estimates
R-squared	☑ Path diagram
Observed covariances	☐ Show parameter estimates
Implied covariances	☐ Show legend
Residual covariances	☐ Modification indices
Standardized residuals	Hide low indices
Mardia's coefficient	Threshold 10

▼ Model Options

Factor scaling Factor loadings ▼

Include mean structure	☑ Fix exogenous covariates
Fix manifest intercepts to zero	☑ Omit residual single indicator
☑ Fix latent intercepts to zero	☑ Include residual variances
Assume factors uncorrelated	☑ Correlate exogenous latents
	☑ Correlate dependent variables
	☑ Add thresholds
	☑ Add scaling parameters
	☑ Constrain EFA blocks

▼ Estimation options

Information matrix Expected ▼

Error calculation
- ◉ Standard
- ◯ Robust
- ◯ Bootstrap

  Bootstrap samples 1000

  Type Bias-corrected percentile ▼

Confidence intervals 95.0 %

☐ Standardize variables before estimation

Estimator Auto ▼

Model test Auto ▼

Missing data handling FIML ▼

Emulation None ▼

그러면 구조방정식모형에 대한 모형 플롯(model plot)이 다음과 같이 나타난다. 여기서는 앞서 Syntax에 제시된 바와 같이 잠재모형(측정모형)과 회귀분석모형 그리고 오차공분산이 제대로 설정이 되었는지 확인할 수 있다.

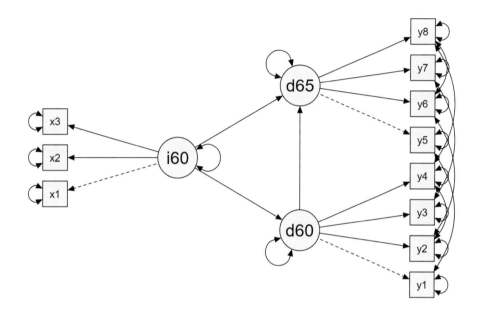

이어서 제시된 모형적합도를 살펴보면 $\chi^2 = 38.125(p=0.329)$, CFI=0.995, TLI =0.993, RMSEA=0.035, SRMR=0.041로 나타나 모든 기준을 충족하고 있어 모형의 적합도는 매우 적합하다고 할 수 있다.

Structural Equation Modeling

Model fit

	AIC	BIC	n	Baseline test			Difference test		
				χ^2	df	p	$\Delta\chi^2$	Δdf	p
Model 1	3179.582	3276.917	75	38.125	35	0.329	38.125	35	0.329

Fit indices

Index	Value
Comparative Fit Index (CFI)	0.995
T-size CFI	0.954
Tucker-Lewis Index (TLI)	0.993
Bentler-Bonett Non-normed Fit Index (NNFI)	0.993
Bentler-Bonett Normed Fit Index (NFI)	0.948
Parsimony Normed Fit Index (PNFI)	0.603
Bollen's Relative Fit Index (RFI)	0.918
Bollen's Incremental Fit Index (IFI)	0.996
Relative Noncentrality Index (RNI)	0.995

Note. T-size CFI is computed for $\alpha = 0.05$

Note. The T-size equivalents of the conventional CFI cut-off values (poor < 0.90 < fair < 0.95 < close) are **poor < 0.756 < fair < 0.837 < close** for model: Model 1

Other fit measures

Metric	Value
Root mean square error of approximation (RMSEA)	0.035
RMSEA 90% CI lower bound	0.000
RMSEA 90% CI upper bound	0.092
RMSEA p-value	0.611
T-size RMSEA	0.093
Standardized root mean square residual (SRMR)	0.041
Hoelter's critical N (α = .05)	98.970
Hoelter's critical N (α = .01)	113.804
Goodness of fit index (GFI)	0.996
McDonald fit index (MFI)	0.979
Expected cross validation index (ECVI)	1.628

Note. T-size RMSEA is computed for $\alpha = 0.05$

Note. The T-size equivalents of the conventional RMSEA cut-off values (close < 0.05 < fair < 0.08 < poor) are **close < 0.102 < fair < 0.125 < poor** for model: Model 1

다음 분석 결과를 살펴보면, 요인계수, 잠재변수의 회귀계수 및 분산, 그리고 측정변수의 잔차분산과 공분산이 제시되어 있다. 각 잠재변수의 요인계수(factor loadings)는 모두 통계적으로 유의한 것으로 나타났으며($p < 0.001$), 잠재변수 간 회귀계수(regression coefficients) 또한 모두 유의한 것으로 나타났다. 즉, ind60는 dem60에 통계적으로 유의한 영향을 주며($z = 3.72$, $p < 0.001$), ind60와 dem60는 dem65에 각각 유의한 영향을 주는 것으로 나타났다($z = 2.59$, $p = 0.010$; $z = 8.51$, $p < 0.001$).

Parameter estimates

Factor Loadings

Latent	Indicator	Estimate	Std. Error	z-value	p	95% Confidence Interval	
						Lower	Upper
dem60	y1	1.000	0.000			1.000	1.000
	y2	1.257	0.182	6.889	< .001	0.899	1.614
	y3	1.058	0.151	6.987	< .001	0.761	1.354
	y4	1.265	0.145	8.722	< .001	0.981	1.549
dem65	y5	1.000	0.000			1.000	1.000
	y6	1.186	0.169	7.024	< .001	0.855	1.517
	y7	1.280	0.160	8.002	< .001	0.966	1.593
	y8	1.266	0.158	8.007	< .001	0.956	1.576
ind60	x1	1.000	0.000			1.000	1.000
	x2	2.180	0.139	15.742	< .001	1.909	2.452
	x3	1.819	0.152	11.967	< .001	1.521	2.116

Regression coefficients

Predictor	Outcome	Estimate	Std. Error	z-value	p	95% Confidence Interval	
						Lower	Upper
ind60	dem60	1.483	0.399	3.715	< .001	0.701	2.265
	dem65	0.572	0.221	2.586	0.010	0.139	1.006
dem60	dem65	0.837	0.098	8.514	< .001	0.645	1.030

Factor variances

Variable	Estimate	Std. Error	z-value	p	95% Confidence Interval	
					Lower	Upper
ind60	0.448	0.087	5.173	< .001	0.279	0.618
dem60	3.956	0.921	4.295	< .001	2.151	5.762
dem65	0.172	0.215	0.803	0.422	−0.249	0.593

Residual variances ▼

Variable	Estimate	Std. Error	z-value	p	95% Confidence Interval	
					Lower	Upper
x1	0.082	0.019	4.184	< .001	0.043	0.120
x2	0.120	0.070	1.718	0.086	−0.017	0.256
x3	0.467	0.090	5.177	< .001	0.290	0.643
y1	1.891	0.444	4.256	< .001	1.020	2.762
y2	7.373	1.374	5.366	< .001	4.680	10.066
y3	5.067	0.952	5.324	< .001	3.202	6.933
y4	3.148	0.739	4.261	< .001	1.700	4.596
y5	2.351	0.480	4.895	< .001	1.410	3.292
y6	4.954	0.914	5.419	< .001	3.162	6.746
y7	3.431	0.713	4.814	< .001	2.034	4.829
y8	3.254	0.695	4.685	< .001	1.893	4.615

Residual covariances

Variables	Estimate	Std. Error	z-value	p	95% Confidence Interval	
					Lower	Upper
y1 - y5	0.624	0.358	1.741	0.082	−0.079	1.326
y2 - y4	1.313	0.702	1.871	0.061	−0.063	2.689
y2 - y6	2.153	0.734	2.934	0.003	0.715	3.591
y3 - y7	0.795	0.608	1.308	0.191	−0.396	1.986
y4 - y8	0.348	0.442	0.787	0.431	−0.519	1.215
y6 - y8	1.356	0.568	2.386	0.017	0.242	2.470

모형의 그림에 계수 및 분산, 공분산 추정치를 제시하기 위해 다음과 같이 결과 옵션(Output options)의 Path diagram에서 Show parameter estimates를 체크한다.

▼ Output options

- ☑ Additional fit measures
- ☐ R-squared
- ☐ Observed covariances
- ☐ Implied covariances
- ☐ Residual covariances
- ☐ Standardized residuals
- ☐ Mardia's coefficient

- ☐ Standardized estimates
- ☑ Path diagram
  - ☑ Show parameter estimates
  - ☐ Show legend
- ☐ Modification indices
  - ☐ Hide low indices
  - Threshold 10

그러면 다음과 같이 온전한 구조방정식모형에 대한 플롯이 제시된다.

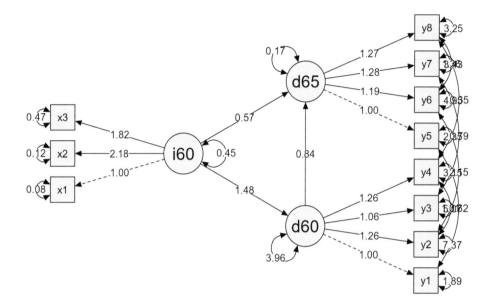

3. 매개효과모형

이제 PoliticalDemocracy 데이터로 매개효과모형을 분석해 보자. 먼저, 매개효과 분석을 위한 R syntax를 다음과 같이 작성한 후 JASP 대화상자에 붙여 넣고 실행한다(Crtl＋Enter). 여기서는 회귀모형(regressions)에서 간접효과(indirect), 전체효과(total) 그리고 매개효과가 전체효과에서 차지하는 비율(proportion)에 대한 R 명령어를 구체적으로 제시해야 한다.

```
# 매개효과모형 (A latent mediation model)
# latent variables
ind60 =~ x1 + x2 + x3
dem60 =~ y1 + y2 + y3 + y4
dem65 =~ y5 + y6 + y7 + y8

# regressions
dem60 ~ alpha*ind60
dem65 ~ direct*ind60 + beta*dem60
# effects of interest
indirect := alpha * beta
total := indirect + direct
proportion := indirect/total

# residual covariances
y1 ~~ y5
y2 ~~ y4 + y6
y3 ~~ y7
y4 ~~ y8
y6 ~~ y8
```

```
Model 1    ✖    Model 2    ✖    ➕

# latent variables
ind60 =~ x1 + x2 + x3
dem60 =~ y1 + y2 + y3 + y4
dem65 =~ y5 + y6 + y7 + y8

# regressions
dem60 ~ alpha*ind60
dem65 ~ direct*ind60 + beta*dem60
# effects of interest
indirect := alpha * beta
total := indirect + direct
proportion := indirect/total

# residual covariances
y1 ~~ y5
y2 ~~ y4 + y6
y3 ~~ y7
y4 ~~ y8
y6 ~~ y8
```

　　그러면 다음과 같이 요인계수와 더불어 회귀계수에 대한 분석 결과가 나타난다. 회귀계수의 레이블이 alpha, beta 그리고 직접효과인 direct로 표기되었음을 확인할 수 있다. 그리고 각 추정치는 모두 통계적으로 유의한 것으로 나타났다.

Factor Loadings

Latent	Indicator	Estimate	Std. Error	z-value	p	95% Confidence Interval	
						Lower	Upper
dem60	y1	1.000	0.000			1.000	1.000
	y2	1.257	0.182	6.889	< .001	0.899	1.614
	y3	1.058	0.151	6.987	< .001	0.761	1.354
	y4	1.265	0.145	8.722	< .001	0.981	1.549
dem65	y5	1.000	0.000			1.000	1.000
	y6	1.186	0.169	7.024	< .001	0.855	1.517
	y7	1.280	0.160	8.002	< .001	0.966	1.593
	y8	1.266	0.158	8.007	< .001	0.956	1.576
ind60	x1	1.000	0.000			1.000	1.000
	x2	2.180	0.139	15.742	< .001	1.909	2.452
	x3	1.819	0.152	11.967	< .001	1.521	2.116

Regression coefficients

Predictor	Outcome		Estimate	Std. Error	z-value	p	95% Confidence Interval	
							Lower	Upper
ind60	dem60	alpha	1.483	0.399	3.715	< .001	0.701	2.265
	dem65	direct	0.572	0.221	2.586	0.010	0.139	1.006
dem60	dem65	beta	0.837	0.098	8.514	< .001	0.645	1.030

이어서 별도로 제시된 결과에서 간접효과, 전체효과 및 간접효과의 비율을 확인할 수 있다. 간접효과(indirect) 추정치는 1.242로 통계적으로 유의하게 나타났으며($z=3.494$, $p<0.001$), 전체효과(total) 추정치는 1.814로 역시 통계적으로 유의하게 나타났다($z=4.856$, $p<0.001$). 간접효과가 전체효과에서 차지하는 비율(proportion)은 68.5%로 나타났으며, 이 또한 통계적으로 유의하였다($z=5.972$, $p<0.001$). 한편 직접효과(direct)가 통계적으로 유의하게 나타났으므로($z=2.586$, $p=0.010$), 여기서 매개효과는 부분매개효과(partial-mediation effect)임을 알 수 있다.

Defined parameters ▼

Name	Estimate	Std. Error	z-value	p	95% Confidence Interval	
					Lower	Upper
indirect	1.242	0.355	3.494	< .001	0.545	1.938
total	1.814	0.374	4.856	< .001	1.082	2.546
proportion	0.685	0.115	5.972	< .001	0.460	0.909

이상의 결과(alpha, beta, direct)는 다음 모형 플롯에서 확인할 수 있다.

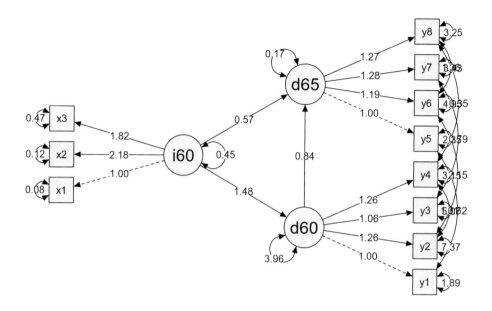

이제 이러한 간접효과에 대한 표준오차(SE)의 추정을 Standard 방식과 Bootstrap
방식을 통해 확인해 보자.

먼저, Standard 방식으로 표준오차를 추정한 결과는 다음과 같다.

Defined parameters

Name	Estimate	Std. Error	z-value	p	95% Confidence Interval Lower	95% Confidence Interval Upper
indirect	1.242	0.355	3.494	< .001	0.545	1.938
total	1.814	0.374	4.856	< .001	1.082	2.546
proportion	0.685	0.115	5.972	< .001	0.460	0.909

이번에는 Bootstrap 방식을 통해 표준오차를 추정한 결과를 보면 다음과 같다.

▼ **Estimation options**

Information matrix Expected ▼   ☐ Standardize variables before estimation

Error calculation   Estimator Auto ▼

○ Standard   Model test Auto ▼

○ Robust   Missing data handling FIML ▼

◉ Bootstrap   Emulation None ▼

  Bootstrap samples 1000

  Type Bias-corrected percentile ▼

Confidence intervals 95.0 %

Defined parameters

Name	Estimate	Std. Error	z-value	p	95% Confidence Interval Lower	95% Confidence Interval Upper
indirect	1.242	0.355	3.494	< .001	0.575	1.974
total	1.814	0.374	4.856	< .001	0.954	2.677
proportion	0.685	0.115	5.972	< .001	0.439	0.961

　이상의 두 가지 표준오차 추정 방식, 즉 Standard 방식과 Bootstrap 방식의 결과를 비교해 보면 다음 결과에서 보는 것처럼 추정치(Estimate)에서는 두 방식 간에 차이가 없지만 추정치에 대한 95% 신뢰구간에서 반복추정(iteration)을 수행하는 Bootstrap 방식의 결과가 신뢰구간이 조금 더 넓음(wider Confidence Interval)을 알 수 있다.

Standard

Defined parameters					95% Confidence Interval	
Name	Estimate	Std. Error	z-value	p	Lower	Upper
indirect	1.242	0.355	3.494	< .001	0.545	1.938
total	1.814	0.374	4.856	< .001	1.082	2.546
proportion	0.685	0.115	5.972	< .001	0.460	0.909

Bootstrap

Defined parameters					95% Confidence Interval	
Name	Estimate	Std. Error	z-value	p	Lower	Upper
indirect	1.242	0.355	3.494	< .001	0.575	1.974
total	1.814	0.374	4.856	< .001	0.954	2.677
proportion	0.685	0.115	5.972	< .001	0.439	0.961

1) 매개효과모형 2

　이번에는 ADHD.csv로 또다른 매개효과 분석을 해 보자. 이 데이터는 교사들을 대상으로 독립변수인 ADHD에 대한 지식이 매개변수인 공감능력을 통해 적절한 개입(종속변수)을 하는지에 관한 데이터다. 여기서 측정변수는 general ~ instruct 로 구성되어 있다.

ADHD	(E:₩R)						
	id	gender	age	general	symptoms	treatmt	cognitiv
1	1	0	4	8	7	3	30
2	3	1	2	7	7	6	28
3	4	1	2	8	8	5	26
4	5	0	1	8	5	6	32
5	6	0	2	3	5	3	19

여기서 사용할 R syntax는 다음과 같으며 이를 분석 대화상자에 입력한다.

```
# ADHD for another mediation model
# measurement model
knowledge =~ general+symptoms+treatmt
empathy =~ cognitiv+emotion+disposit+attitude
intervention =~ classrm+instruct
# regressions
intervention ~ c*knowledge
empathy ~ a*knowledge
intervention ~ b*empathy
# indirect effect (a*b)
indirect := a*b
# total effect
total := c + (a*b)
proportion := indirect/total
```

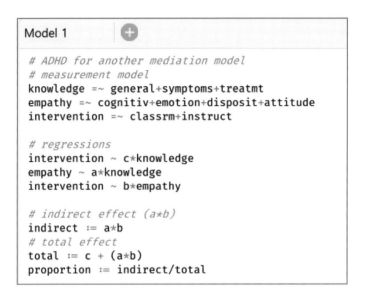

```
Model 1                  +

# ADHD for another mediation model
# measurement model
knowledge =~ general+symptoms+treatmt
empathy =~ cognitiv+emotion+disposit+attitude
intervention =~ classrm+instruct

# regressions
intervention ~ c*knowledge
empathy ~ a*knowledge
intervention ~ b*empathy

# indirect effect (a*b)
indirect := a*b
# total effect
total := c + (a*b)
proportion := indirect/total
```

그리고 결과 옵션(Output options), 모형 옵션(Model options), 추정 옵션(Estimation options) 대화상자에서 다음과 같이 선택한다.

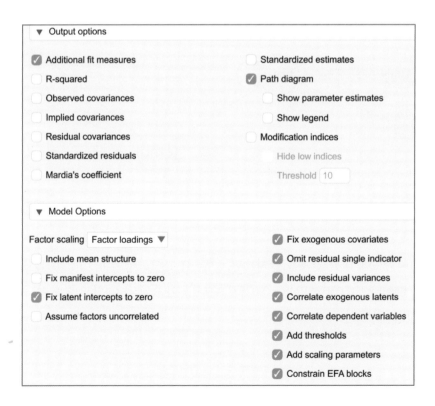

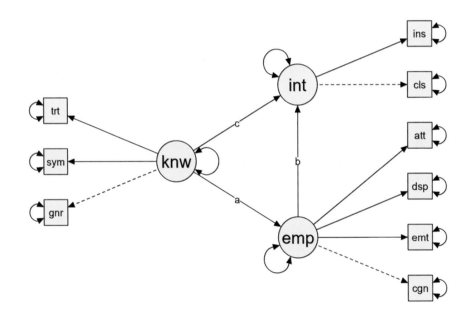

그러면 분석 모형 그림(model plot)을 다음과 같이 확인할 수 있다.

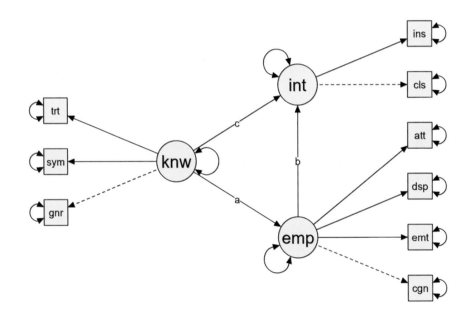

모형적합도에 대한 결과를 살펴보면, $\chi^2 = 31.185(p = 0.149)$, CFI $= 0.995$, TLI $= 0.993$, RMSEA $= 0.030$, SRMR $= 0.025$로 나타나 아주 좋은 적합도를 보여 주고 있음을 알 수 있다.

Model fit ▼

	AIC	BIC	n	Baseline test			Difference test		
				χ²	df	p	Δχ²	Δdf	p
Model 1	14197.057	14311.392	334	31.185	24	0.149	31.185	24	0.149

Fit indices

Index	Value
Comparative Fit Index (CFI)	0.995
T-size CFI	0.978
Tucker-Lewis Index (TLI)	0.993
Bentler-Bonett Non-normed Fit Index (NNFI)	0.993
Bentler-Bonett Normed Fit Index (NFI)	0.980
Parsimony Normed Fit Index (PNFI)	0.653
Bollen's Relative Fit Index (RFI)	0.970
Bollen's Incremental Fit Index (IFI)	0.995
Relative Noncentrality Index (RNI)	0.995

Note. T-size CFI is computed for $\alpha = 0.05$

Note. The T-size equivalents of the conventional CFI cut-off values (poor < 0.90 < fair < 0.95 < close) are **poor < 0.841 < fair < 0.909 < close** for model: Model 1

Other fit measures ▼

Metric	Value
Root mean square error of approximation (RMSEA)	0.030
RMSEA 90% CI lower bound	0.000
RMSEA 90% CI upper bound	0.057
RMSEA p-value	0.880
T-size RMSEA	0.057
Standardized root mean square residual (SRMR)	0.025
Hoelter's critical N (α = .05)	391.014
Hoelter's critical N (α = .01)	461.325
Goodness of fit index (GFI)	0.999
McDonald fit index (MFI)	0.989
Expected cross validation index (ECVI)	0.273

Note. T-size RMSEA is computed for $\alpha = 0.05$

Note. The T-size equivalents of the conventional RMSEA cut-off values (close < 0.05 < fair < 0.08 < poor) are **close < 0.073 < fair < 0.101 < poor** for model: Model 1

이어서 측정모형(Measurement model)을 보면 각 잠재변수의 측정변수에 대한 요인계수 추정치는 모두 통계적으로 유의한 것으로 나타났다($p < 0.001$). 그리고 회귀모형에서는 knowledge의 intervention에 대한 직접효과는 통계적으로 유의하지 않은 것으로 나타났지만($z = 0.608$, $p = 0.543$), 나머지 knowledge가 empathy에 미치는 효과($z = 3.033$, $p = 0.002$)와 empathy가 intervention에 미치는 효과($z = 10.356$, $p < 0.001$)는 모두 유의한 것으로 나타났다.

Parameter estimates

Factor Loadings

Latent	Indicator	Estimate	Std. Error	z-value	p	95% Confidence Interval Lower	Upper
empathy	cognitiv	1.000	0.000			1.000	1.000
	emotion	0.950	0.058	16.371	< .001	0.836	1.064
	disposit	1.401	0.091	15.396	< .001	1.223	1.579
	attitude	0.964	0.060	16.155	< .001	0.847	1.081
intervention	classrm	1.000	0.000			1.000	1.000
	instruct	0.853	0.046	18.628	< .001	0.764	0.943
knowledge	general	1.000	0.000			1.000	1.000
	symptoms	0.582	0.068	8.508	< .001	0.448	0.716
	treatmt	0.746	0.086	8.631	< .001	0.576	0.915

Regression coefficients

Predictor	Outcome		Estimate	Std. Error	z-value	p	95% Confidence Interval Lower	Upper
knowledge	empathy	a	0.304	0.100	3.033	0.002	0.107	0.500
	intervention	c	0.106	0.174	0.608	0.543	−0.235	0.447
empathy	intervention	b	1.241	0.120	10.356	< .001	1.006	1.476

그리고 매개효과, 즉 knowledge가 empathy를 통한 intervention에 대한 간접효과(indirect)를 살펴보면 간접효과 추정치(0.377)가 통계적으로 유의한 것으로 나타났다($z = 2.952$, $p = 0.003$). 따라서 knowledge가 intervention에 미치는 직접효과(c)가 유의하지 않음을 고려하면 완전매개효과(full-mediation effect)가 있다고 하겠다. 그리고 간접효과에 대한 추정치의 표준오차 추정 방식을 Standard 방식과

Bootstrap 방식을 활용하여 분석한 결과를 살펴보면 Standard 방식의 추정치 신뢰구간(95% CI [0.127, 0.627]) 보다 Bootstrap 방식으로 추정한 신뢰구간(95% CI [0.079, 0.704])이 좀 더 넓게(wider) 나타났음을 확인할 수 있다.

Standard standard errors calculation

Defined parameters

Name	Estimate	Std. Error	z-value	p	95% Confidence Interval	
					Lower	Upper
indirect	0.377	0.128	2.952	0.003	0.127	0.627
total	0.483	0.202	2.393	0.017	0.087	0.878
proportion	0.781	0.295	2.651	0.008	0.203	1.358

Bootstrap standard errors calculation

Defined parameters

Name	Estimate	Std. Error	z-value	p	95% Confidence Interval	
					Lower	Upper
indirect	0.377	0.128	2.952	0.003	0.079	0.704
total	0.483	0.202	2.393	0.017	0.041	0.928
proportion	0.781	0.295	2.651	0.008	0.179	3.123

앞서 살펴본 분석 결과(a, b, c)는 다음 모형 플롯에서 확인할 수 있다.

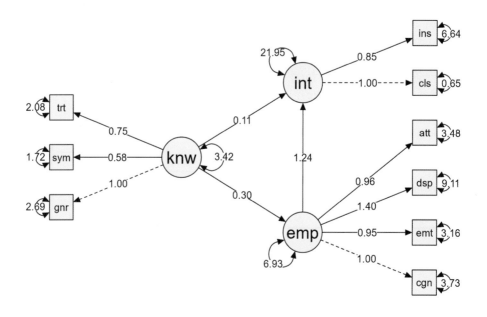

4. MIMIC모형[1]

이제 여러 개의 측정변수(indicators)와 여러 개의 예측변수(predictors)로 구성된 다중지표다중요인모형, 즉 MIMIC모형을(Multiple Indicators Multiple Causes) 분석해 보자. 여기서 사용할 데이터는 JASP에 내재되어 있는(Open＞Data Library＞Categories14.SEM) 시민들의 사회적 참여에 대한 데이터인 Social Participation이다. 이 데이터에는 지표변수(indicators)로 church, member, friends가 있고, 예측변수로 income, occup, educ가 있다(Hodge & Treiman, 1968). 먼저, 다음과 같이 데이터를 불러온다.

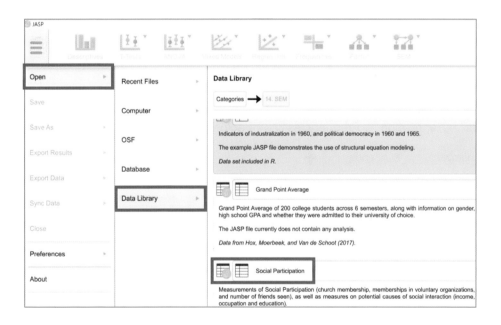

1) 본 MIMIC모형에 대한 내용은 JASP Blog **Multiple Indicators Multiple Causes(MIMIC) Model in** JASP 를 중심으로 작성하였으며, 블로그 사용을 허락해 준 저자들에게 감사하다.
https://jasp-stats.org/2022/02/01/multiple-indicators-multiple-causes-mimic-model-in-jasp

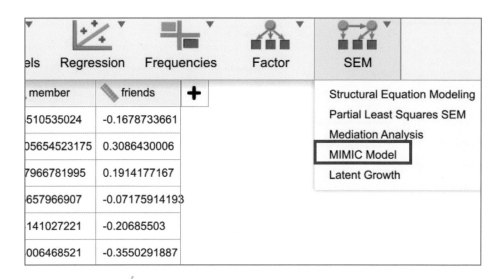

그리고 SEM 메뉴에서 'MIMIC Model'을 클릭한다.

그리고 분석을 위한 대화상자에서 Indicators에 church, member, friends를 Predictors에 income, occup, educ를 옮겨 놓는다.

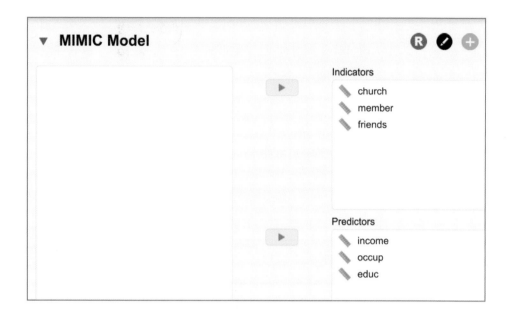

이어서 분석 옵션에서는 표준화 계수, R-squared, 추가 적합도 지수 등을 선택하고 모형옵션(Plots)에서 Model plot을 체크한다.

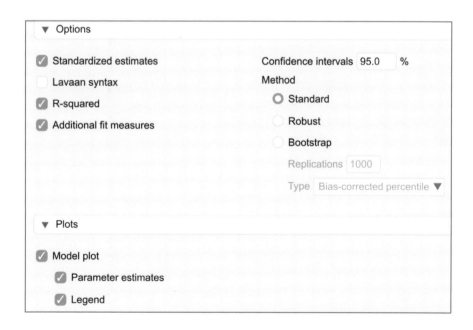

분석 결과로는 다음과 같이 먼저 카이스퀘어검정 결과가 나타난다. 카이스퀘어 검정은 연구 모형이 데이터에 적합한지를 검정하는 것으로 영가설은 연구 모형이 데이터에 적합하다는 것인데(The model fits the data well), 검정 결과 유의확률 $p =$ 0.051로 유의수준 0.05보다 약간 큰 수치로 나타나 영가설을 기각할 수 없게 된다. 따라서 연구 모형이 데이터에 적합하다는 결론을 내리게 된다. 이어서 보편적으로 사용되는 다른 적합도 지수가 이를 지지하는지 확인할 수 있다.

Chi Square test

	df	χ^2	p
Baseline model	12	224.570	< .001
Factor model	6	12.522	0.051

다음에 제시된 적합도 지수(Fit indices)를 살펴보면, 우선 CFI, TLI가 각각 0.969, 0.939로 나타나 모형의 적합 기준인 0.90을 초과하고 있어 모형이 적합하다는 것을 보이고 있다. 이어서 제시된 RMSEA, SRMR이 각각 0.045, 0.023으로 나타나 일반적인 적합 기준인 0.05(RMSEA), 0.08(SRMR)보다 작으므로 모형이 적합함을 또한 알 수 있다.

Fit indices

Index	Value
Comparative Fit Index (CFI)	0.969
Tucker-Lewis Index (TLI)	0.939
Bentler-Bonett Non-normed Fit Index (NNFI)	0.939
Bentler-Bonett Normed Fit Index (NFI)	0.944
Parsimony Normed Fit Index (PNFI)	0.472
Bollen's Relative Fit Index (RFI)	0.888
Bollen's Incremental Fit Index (IFI)	0.970
Relative Noncentrality Index (RNI)	0.969

Metric	Value
Root mean square error of approximation (RMSEA)	0.045
RMSEA 90% CI lower bound	0.000
RMSEA 90% CI upper bound	0.081
RMSEA p-value	0.532
Standardized root mean square residual (SRMR)	0.023
Hoelter's critical N ($\alpha = .05$)	533.952
Hoelter's critical N ($\alpha = .01$)	712.581
Goodness of fit index (GFI)	0.985
McDonald fit index (MFI)	0.994
Expected cross validation index (ECVI)	0.069

분석 결과로 제시된 예측변수의 계수(Predictor coefficients)를 살펴보자. 먼저, 소득(income)의 회귀계수는 0.135로 추정되었는데, 이는 소득이 한 단위(one unit) 증가하면 사회적 참여는 0.135 단위만큼 증가한다는 의미다. 마찬가지로 교육(educ)이 한 단위 증가하면 사회적 참여는 0.391만큼 증가하는 것으로 나타났다. 그리고 소득과 교육의 회귀계수는 각각 통계적으로 유의하게 나타났다($Z=4.115$, $p < 0.001$; $Z=5.527$, $p < 0.001$). 하지만 직업(occup)의 회귀계수는 0.054로 추정되었지만 통계적으로 유의하지 않은 것으로 나타났다($Z=1.723$, $p=0.085$).

Parameter estimates ▼

Predictor coefficients

Predictor	Estimate	Std. Error	z-value	p	95% Confidence Interval		Standardized		
					Lower	Upper	All	LV	Endo
income	0.135	0.033	4.115	< .001	0.071	0.199	0.232	0.116	0.116
occup	0.054	0.031	1.723	0.085	-0.007	0.115	0.097	0.046	0.046
educ	0.391	0.071	5.527	< .001	0.253	0.530	0.334	0.337	0.337

하지만 이상의 추정치는 비표준화(unstandardized) 계수이므로 예측변수 간 상대적인 영향력에 대한 비교는 할 수 없으므로 예측변수들의 상대적인 비교를 하려면 회귀계수를 표준화하여야 한다.

다음 결과표에서 보듯이 표준화된(standardized) 회귀계수를 살펴보면 소득이 1 표준편차(one standard deviation) 증가하면 사회적 참여는 0.232 표준편차만큼 증가하는 반면, 교육이 1 표준편차 증가하면 사회적 참여는 0.334 표준편차만큼 증가한다. 따라서 세 예측변수(three predictors) 중에서 표준편차 증가 차원에서 교육이 사회적 참여에 미치는 영향력이 상대적으로 가장 크다는 것을 알 수 있다.

Predictor coefficients

Predictor	Estimate	Std. Error	z-value	p	95% Confidence Interval		Standardized		
					Lower	Upper	All	LV	Endo
income	0.135	0.033	4.115	< .001	0.071	0.199	0.232	0.116	0.116
occup	0.054	0.031	1.723	0.085	-0.007	0.115	0.097	0.046	0.046
educ	0.391	0.071	5.527	< .001	0.253	0.530	0.334	0.337	0.337

이제 지표변수/측정변수의 계수(Indicator coefficients)를 살펴보자. 다음 분석 결과를 살펴보면 추정치는 모두 통계적으로 유의하게 나타났으며, 사회적 참여가 한 단위(one unit) 증가하면 교회 참여(church participation)는 0.489 단위만큼 증가한다. 그리고 사회적 참여가 한 단위 증가하면 자원봉사기관 참여(voluntary organization memberships)는 0.304만큼 증가하며, 만나는 친구의 수(the number of friends seen)는 0.114 단위만큼 증가하는 것으로 나타났다.

Indicator coefficients

Indicator	Estimate	Std. Error	z-value	p	95% Confidence Interval		Standardized		
					Lower	Upper	All	Latent	Endo
church	0.489	0.057	8.574	< .001	0.377	0.601	0.466	0.568	0.466
member	0.304	0.029	10.486	< .001	0.247	0.361	0.735	0.353	0.735
friends	0.114	0.015	7.397	< .001	0.084	0.144	0.402	0.132	0.402

이어서 다음 R-squared에 대한 분석 결과를 살펴보자. 이는 각 지표변수에 있어서 잠재변수, 즉 요인에 의해 설명되는 분산의 정도(the proportion of variance explained by the latent factor)를 보여 준다. 구체적으로 교회 참여(church) 분산의 21.7%, 자원봉사기관 참여(member) 분산의 54.1%, 그리고 만나는 친구의 수(friends) 분산의 16.1%가 잠재변인인 사회적 참여(Y)에 의해 설명되고 있음을 알 수 있다. 아울러 예측변수(income, occup, educ)에 의해 설명되는 잠재변수 사회적 참여(Y)의 분산은 25.8%로 나타났다.

R-Squared ▼	
	R^2
church	0.217
member	0.541
friends	0.161
Y	0.258

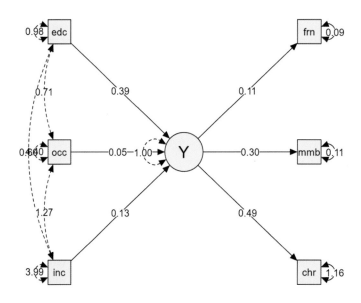

Y: Social participation

5. 잠재성장모형[2])

이번에는 구조방정식모형에 있어서 또다른 모형인 잠재성장모형(Latent Growth Curve Model: LGCM)을 분석해 보자. 잠재성장모형은 시간의 흐름에 따라 종속변수인 결과(outcome)에 어떤 형태의 변화가 발생하는지를 모형화하는 분석 기법이다. 즉, 개인의 성장/변화 궤적(growth trajectories)을 제시할 뿐 아니라 시간이 흐름에 따라 초기값(initial state)과 변화(change)의 정도에 있어 개인 차(individual differences)를 분석할 수 있다.

먼저, 데이터 LatentGrowth.csv를 불러온 후 SEM 메뉴에서 Latent Growth를 클릭한다. 이 데이터는 JASP에 내재되어 있는 데이터 Grand Point Average로 대학생들의 학업성적에 대한 데이터다(Hox, Moerbeek, & Van de Schoot, 2017). 주요 변수로 학생들의 학업성적(1 = 최소 등급, 4 = 최대 등급)을 6학기 동안 연속적으로 측정하였다(gpa1~gpa6). 그리고 학생들의 성별(sex)과 고등학교 성적(highgpa) 변수로 구성되어 있다.

---

2) 본 잠재성장모형에 대한 내용은 JASP Blog **Latent Growth Curve Modeling(LGCM) in JASP**를 중심으로 작성하였으며, 블로그 사용을 허락해 준 저자들에게 감사하다.
https://jasp-stats.org/2022/02/22/latent-growth-curve-modeling-lgcm-in-jasp/

2	gpa3	gpa4	gpa			b1
	3	3	3	Structural Equation Modeling		
	2.6	2.6	3	Partial Least Squares SEM		
	3	2.8	3.3	Mediation Analysis		
	2.4	2.7	2.9	MIMIC Model	2.7	3
	2.8	3	2.9	Latent Growth	3.1	2

　　잠재성장모형은 고정된 요인계수(fixed factor loadings)와 반복측정된 측정변수, 즉 지표변수(repeated measures of interest as indicators)로 설정한 잠재변수(latent variables, 즉 factors)를 사용하게 된다. 구체적으로 고정된 요인계수 1로 설정된 잠재 초기값(latent intercept factor)으로 초기값(initial state)을 모형화하고, 선형 성장 추이(linear growth trend)는 요인계수를 0, 1, 2, 3 등으로 설정한 기울기로 모형화한다. 이 선형 성장 요인(linear growth factor)은 연구의 종속변수, 즉 연구의 주된 관심사인 결과(outcome)가 초기 상태로부터 어떻게 변화하고 있는지를 모형화하는 것이다. 여기서 선형 (성장) 기울기(linear slope)는 초기 상태로부터의 변화가 시간이 흐름에 따라 균등하게 커지고(evenly larger) 있음을 의미한다. 하지만 성장의 트렌드가 반드시 선형으로 나타나야만 하는 것은 아니고 때로는 2차 함수적 성장 트렌드(quadratic growth trend)로 나타날 수도 있는데, 이 경우 요인계수는 0, 1, 4, 9 $(0^2, 1^2, 2^2, 3^2)$로 고정하게 된다.

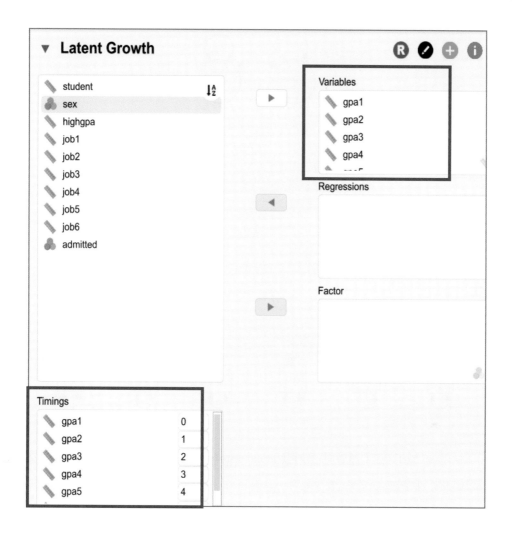

우선, 주어진 데이터로 여섯 학기에 걸쳐 학업성적의 변화 트렌드를 선형으로 모형화한다고 하자. 선형성장(변화)모형(linear growth model)의 경우 여섯 번의 학업성적 측정값을 초기값(상수항) 요인(intercept factor)과 선형 기울기 요인(linear slope factor)으로 모형화하게 된다(다음 그림 참조).

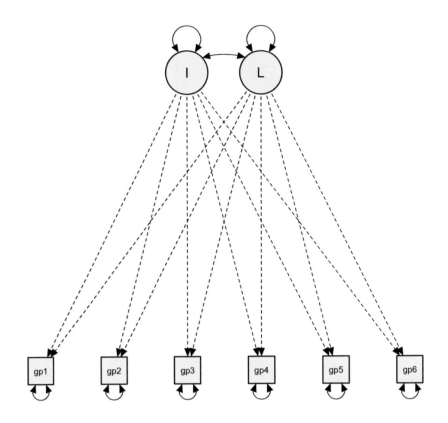

초기값 요인(I)은 각 개인의 초기값(initial state)을 나타내게 되며, 첫 번째 기울기 요인(L)의 계수는 '0'으로 설정된다. 그리고 모든 지표변수(all indicators, gpa1~gpa6)의 초기값 요인(intercept factor)의 계수는 모두 '1'로 고정된다. 반면 선형 기울기 요인(L)은 선형적 변화로 각 개인의 학업성적의 차이를 나타내게 되는데, 첫 번째 학업성적(gpa1)이 기준점으로 기울기의 요인계수는 '0'으로 고정되며, 두 번째 학업성적(gpa2)은 '1'로 고정되며, 마지막 학업성적은(gpa6) '5'로 고정된다(다음 그림 참조).

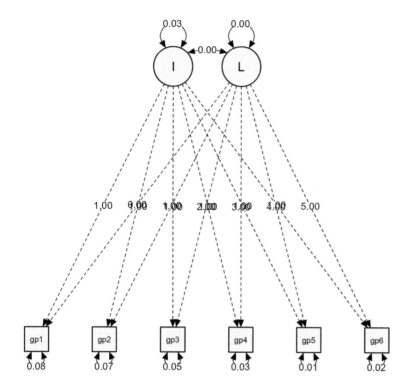

분석 결과는 다음 옵션을 체크하여 결과를 제시할 수 있다.

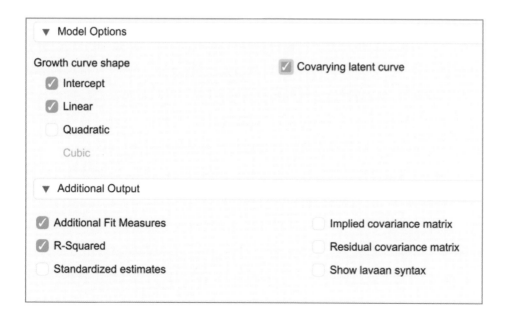

잠재성장모형의 결과를 해석하는 데 있어서 가장 중요한 것은 요인의 평균(mean)과 분산(variance)이다. 다음 분석 결과를 살펴보면, 우선 초기값 요인(intercept factor)에 있어서 평균은 2.598로 추정되었는데, 이는 첫 번째 측정값에(at the first measurement) 있어서 학생들의 평균 학업성적을 나타낸다. 이에 대한 유의확률 $p < 0.001 (z = 141.886)$로 나타나 유의수준 5%에서 통계적으로 유의한 것으로 나타났다. 그리고 초기값 요인에 대한 분산의 추정치 0.035는 초기상태(at the initial state)의 학업성적에 있어서 개인 차이(individual differences in GPAs)를 나타내고 있으며, 통계적으로 역시 유의한 것으로 나타났다($z = 4.937, p < 0.001$).

Parameter estimates ▼

Latent curve ▼

Component	Parameter	Estimate	Std. Error	z-value	p	95%% Confidence Interval	
						Lower	Upper
Intercept	Mean	2.598	0.018	141.886	< .001	2.562	2.634
	Variance	0.035	0.007	4.937	< .001	0.021	0.049
Linear slope	Mean	0.106	0.005	20.317	< .001	0.096	0.117
	Variance	0.003	0.001	5.593	< .001	0.002	0.004

이제 선형 기울기 요인(linear slope factor)의 평균과 분산을 살펴보자. 여기서 평균은 시간의 흐름에 따른 평균 기울기(average linear growth rate)를 의미한다. 추정된 평균 기울기는 0.106으로, 이는 여러 학기에 걸쳐(across semesters) 평균 학업성적이 0.106만큼 성장하는 것으로 나타났으며, 이 추정치는 통계적으로 유의한 것으로 나타났다($z = 20.317, p < 0.001$). 그리고 분산의 추정치는 0.003으로 통계적으로 유의하게 나타났으며($z = 5.593, p < 0.001$), 이는 선형적 성장 트렌드(in the linear growth trend)에 있어서도 개인 차가 존재하고 있음을 알 수 있다. 즉, 여섯 학기에 걸쳐서 나타나는 학업성적 변화 궤적(trajectories of GPA)에 있어서 개별 학생들이 제각기 다르다는 것을 알 수 있다. 다시 말하면, 학업성적의 변화(in the linear growth of GPA)에 있어서 개별 학생들 간에 유의한 개인 차이(statistically significant individual differences)가 있음을 확인할 수 있다. 하지만 이 추정치는 학업성적의 수치적 규모(scale of the outcome), 즉 1.0~4.0에 비추어 보면 그다지 크게 보이지는 않는다.

이상을 종합하면 학생들은 초기 성적(initial GPAs)에 있어서 서로 차이가 있으며, 시간에 따른 성장 규모(linear growth rate)에도 서로 차이가 있음을 알 수 있다. 즉, 어떤 학생은 다른 학생에 비해 성장 속도가 빠르다는(stronger increase) 것을 알 수 있다.

분석 결과에 있어서 또 다른 중요한 것은 초기값 요인과 성장 요인 간의 공분산(covariances)이다. 이 공분산 추정치는 초기값의 학업성적(GPAs at the reference point)과 시간이 흐름에 따라 학업성적이 어떻게 변화하는지(how they change over time) 간의 의미 있는 관계(meaningful relationship)를 보여 준다.

분석 결과로 나타난 추정치는 긍정적인 값으로(0.002) 초기 학업성적이 높은 학생들은 낮은 학생들에 비해 시간, 즉 학기가 지나면서 성적의 변화가 더 강하게(steeper linear growth) 나타나는 경향이 있음을 알 수 있다. 하지만 추정된 공분산은 통계적으로 유의하지 않게 나타났기 때문에($z=1.565$, $p=0.118$) 해석에 유의해야 함을 알 수 있다.

Latent covariances

			Estimate	Std. Error	z-value	p	95%% Confidence Interval	
							Lower	Upper
Intercept	↔	Linear slope	0.002	0.002	1.565	0.118	−0.001	0.006

다음에 제시된 R-squared는 성장 요인에 의해 설명되는 지표변수의 분산 정도(how much the growth factors explain the variance of indicators)를 의미한다. 즉, 측정변수들 분산의 30.4%(gpa1)에서 90.0%(gpa6)가 성장 요인(growth factors)에 의해 설명되고 있음을 알 수 있다.

R-Squared

Variable	R^2
gpa1	0.304
gpa2	0.379
gpa3	0.517
gpa4	0.732
gpa5	0.879
gpa6	0.900

모형의 적합도에 있어서는 우선 다음에 있는 카이스퀘어검정 결과를 보면 통계적으로 유의한 것으로 나타나($p < 0.001$) 모형이 데이터를 잘 설명하고 있다는(the model fits the data well) 영가설을 기각하게 된다. 따라서 카이스퀘어검정 결과로는 모형이 적합하다고 볼 수가 없다.

Model fit

Chi-square Test

Model	X^2	df	p
Baseline model	811.632	15	
Growth curve model	43.945	16	< .001

그러므로 추가로 제시된 모형 적합도 지수를 살펴보면 CFI 및 TLI는 각각 0.965, 0.967로 제시되어 모형이 적합함을 알 수 있다. 하지만 RMSEA, SRMR은 각각 0.093, 0.098로 나타나 적합 기준인 0.05, 0.08보다 큰 수치로 나타나 그 기준을 충족하지 못하고 있는 것으로 나타났다. 이렇게 다양한 결과가 나타난 경우에는 연구자들이 이론적 측면을 살펴보아 검정하고자 하는 모형이 이론적 사실에 바탕을 둔 것이라고 확신한다면 큰 문제 없이 모형을 활용할 수 있을 것이다.

Additional Fit measures ▼

Fit indices

Index	Value
Comparative Fit Index (CFI)	0.965
Tucker-Lewis Index (TLI)	0.967
Bentler-Bonett Non-normed Fit Index (NNFI)	0.967
Bentler-Bonett Normed Fit Index (NFI)	
Parsimony Normed Fit Index (PNFI)	1.009
Bollen's Relative Fit Index (RFI)	
Bollen's Incremental Fit Index (IFI)	0.965
Relative Noncentrality Index (RNI)	0.965

Other fit measures ▼

Metric	Value
Root mean square error of approximation (RMSEA)	0.093
RMSEA 90%% CI lower bound	0.061
RMSEA 90%% CI upper bound	0.127
RMSEA p-value	0.016
Standardized root mean square residual (SRMR)	0.098
Hoelter's critical N (α = .05)	120.677
Hoelter's critical N (α = .01)	146.636
Goodness of fit index (GFI)	0.998
McDonald fit index (MFI)	0.933
Expected cross validation index (ECVI)	0.330

다음 분석 결과는 측정변수의 잔차분산(residual variances)을 제시한 것으로(초기 값 요인과 성장 요인으로 구성된) 잠재 요인에 의해 설명되고 남은 분산을 보여 준다. 그리고 이 추정치는 모두 통계적으로 유의한 것으로 나타났다(앞서 살펴본 분석 모형 참조).

Residual variances

Variable	Estimate	Std. Error	z-value	p	95%% Confidence Interval	
					Lower	Upper
gpa1	0.080	0.010	8.049	< .001	0.060	0.099
gpa2	0.071	0.008	8.518	< .001	0.054	0.087
gpa3	0.054	0.006	9.020	< .001	0.042	0.066
gpa4	0.029	0.003	8.486	< .001	0.022	0.036
gpa5	0.015	0.003	5.589	< .001	0.010	0.020
gpa6	0.016	0.004	4.336	< .001	0.009	0.023

한편 JASP에서는 시각적 분석으로 두 가지 그림을 보여 주는데, 한 가지는 성장 플롯(curve plot)이고 다른 하나는 모형 플롯(model plot)이다. 성장 플롯은 성장 궤적(growth trajectories)에 대한 그래픽 분석 결과이고, 모형 플롯은 추정된 지표변수(indicators)와 요인(factors)을 포함한 경로 다이어그램이다.

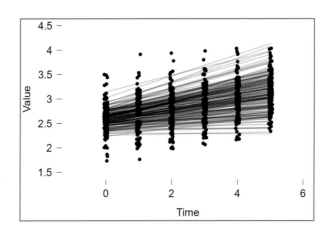

다음 결과는 성장 플롯(curve plot)으로 time=0일 때, 즉 초기 상태에서 개인 차가(individual differences in the initial state) 있음을 알 수 있다. 학업성적에 있어서 긍정적인 평균적 선형 성장(positive average linear growth)은 x축의 시점이 변화하면서 y축에서 포인트 클러스터(the cluster of points)가 약간씩 증가하고 있음으로 나타나고 있다. 그리고 성장, 즉 기울기 요인(slope factor)의 분산은(시간의 흐름에 따라 선형적 변화를 보여 주는) 각 선들이(lines) 평행하게 나타나지 않은(not parallel) 사실로써 개인 차가 있음을 확인할 수 있다.

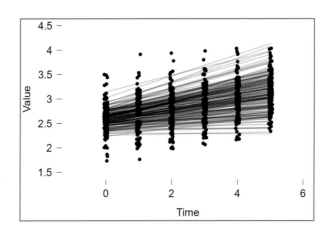

다음 결과는 모형 플롯(model plot)으로 잠재 요인의 분산, 공분산, 요인계수(I는 초기값 요인, L은 선형 기울기 요인) 그리고 측정변수의 잔차분산이 제시되고 있는데, 이 추정치는 모두 비표준화(unstandardized) 수치로 나타나 있다. 요인계수들(factor loadings)이 중복되어 나타나고 있어서 명확하게 보이지는 않지만 최소한 첫 번째 측정변수(indicator, gpa1)의 계수는 1로 고정되어 있고 마지막 6번째 측정변수(gpa6)의 기울기 요인계수는 5로 설정되어 있음을 확인할 수 있다.

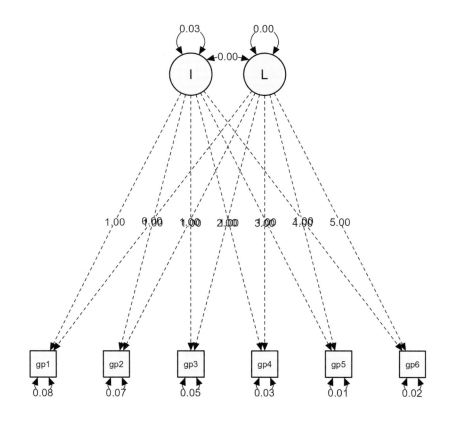

다음 분석 모형 플롯에서는 앞에서 제시된 모형 그림에 초기값, 즉 평균이 추가되어 있음을 알 수 있다.

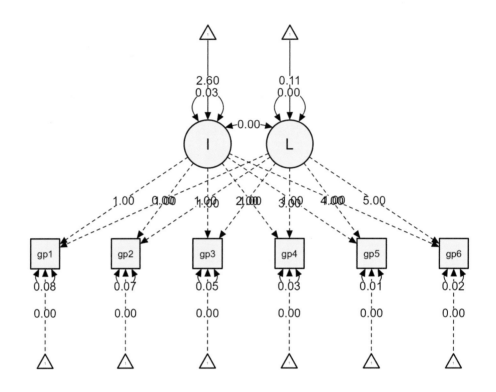

1) 잠재성장모형의 확장(예측변수 추가)

우리는 앞서 살펴본 잠재성장모형에서 초기값 요인(intercept factor)과 선형 기울기 요인(linear slope factor)에 예측변수(predictors)를 추가함으로써 이 모형을 확장할 수 있다. 여기서는 예측변수로 고등학교 성적(highgpa)과 성별(sex) 변수를 추가하여 두 변수가 초기 학업성적(initial GPAs)과 성장률(rate of linear growth)에 있어서 왜 개인 차이가 발생하는지에 대해 설명할 수 있는지 분석하고자 한다. 고등학교 성적은 연수변수이므로 Regression 영역에, 성별은 범주형 변수이므로 Factor 영역에 입력한다.

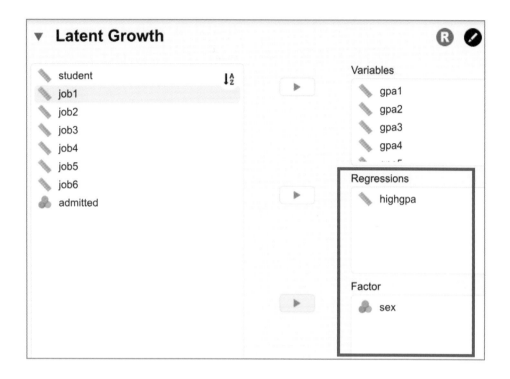

먼저, 범주형 변수 성별(sex)의 경우 남학생=0, 여학생=1로 코딩되었으므로 sex1의 추정값은 여학생의 경우 남학생과의 차이에 대한 추정값을 나타낸다. 초기 값(intercept)의 경우 두 변수의 추정값은 모두 양의 수(positive)이며, 유의확률(p)이 모두 0.05보다 작으므로 통계적으로 유의한 것으로 나타났다. 즉, 고등학교 성적 이 높은 학생들은 초기 학업성적이 더 높았으며, 여학생은 남학생보다 학업성적이 초기에 0.096 더 높았음을 알 수 있다.

Regressions ▼

Component	Predictor	Estimate	Std. Error	z-value	p	95%% Confidence Interval	
						Lower	Upper
Intercept	highgpa	0.099	0.030	3.340	< .001	0.041	0.158
	sex1	0.096	0.035	2.708	0.007	0.026	0.165
Linear slope	highgpa	−0.003	0.009	−0.300	0.764	−0.020	0.014
	sex1	0.025	0.010	2.450	0.014	0.005	0.046

이제 기울기 요인(linear slope factor)에 대한 고등학교 성적(highgpa)과 성별(sex)의 영향을 살펴보면, 고등학교 성적의 경우 추정계수가 −0.003으로 나타나 고등학교 성적이 높을수록 성장 속도는 약화하는 것으로 나타났다. 하지만 유의확률이 $p = 0.764$로 통계적으로 유의하지 않은 것으로 나타나 학업성적의 선형 성장 트렌드(linear growth trend)를 설명하는데 유의하지 않은 예측변수임을 알 수 있다. 하지만 성별의 경우 여학생의 추정값이 정적(positive)이며, 통계적으로 유의하게 나타나($p = 0.014$) 여학생은 시간이 흐르면서 남학생보다 더 성장 속도가 가파른(steeper linear growth trend) 것으로, 즉 0.025만큼 더 증가하는 것으로 나타났음을 알 수 있다.

Regressions ▼

Component	Predictor	Estimate	Std. Error	z-value	p	95%% Confidence Interval Lower	Upper
Intercept	highgpa	0.099	0.030	3.340	< .001	0.041	0.158
	sex1	0.096	0.035	2.708	0.007	0.026	0.165
Linear slope	highgpa	−0.003	0.009	−0.300	0.764	−0.020	0.014
	sex1	0.025	0.010	2.450	0.014	0.005	0.046

다음에 제시된 모형 플롯은 예측변수가 포함된 확장된 잠재성장모형으로 예측변수를 통해 각 개인에 대한 잠재 궤적(latent trajectory)을 예측할 수 있다. 그리고 여기에 제시된 추정치(estimates)는 모두 비표준화된(unstandardized) 값이다.

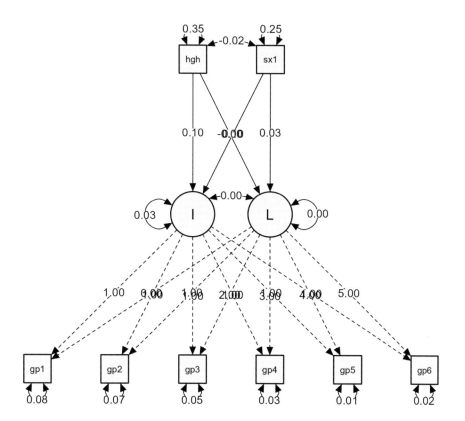

부록

1 R 설치하기

2 jamovi 설치하기

3 JASP 설치하기

1. R 설치하기

R 프로그램 설치하는 순서는 다음과 정리할 수 있다.

---

http://www.r-project.org 에서

- download R 클릭
- CRAN Mirrors 선택*
- Download R for Windows 클릭
- install R for the first time 클릭
- Download R 4.3.2 for Windows 클릭

* R에서는 프로그램 및 패키지를 설치할 때 불러올 네트워크, 즉 CRAN(comprehensive R archive network) mirror 사이트를 먼저 선택한다.

설치 순서를 좀 더 자세히 설명하면 다음과 같다. 먼저, http://r-project.org에 접속하여 downloa R을 클릭한다.

The R Project for Statistical Computing

[Home]

Download

CRAN

R Project

About R
Logo
Contributors
What's New?

Getting Started

R is a free software environment for statistical computing and graphics. It compiles and runs on a wide variety of UNIX platforms, Windows and MacOS. To download R, please choose your preferred CRAN mirror.

If you have questions about R like how to download and install the software, or what the license terms are, please read our answers to frequently asked questions before you send an email.

그런 다음 CRAN Mirror을 설정하는데, 이는 일종의 서버와 같은 것으로서 프로그램을 다운로드하기 위해 특정한 서버에 접속하는 것과 같은 의미다. 이 서버는 거의 모든 국가에 다 있지만 O-Cloud를 클릭하면 자신의 컴퓨터와 가장 쉽게 접

속할 수 있는 곳으로 연결해 주기 때문에 편리하다.

CRAN Mirrors

The Comprehensive R Archive Network is available at the following URLs, please choose a location close to you. Some statistics of the mirrors can be found here: main page, windows release, windows old release.

If you want to host a new mirror at your institution, please have a look at the CRAN Mirror HOWTO.

0-Cloud	
https://cloud.r-project.org/	Automatic redirection to servers worldwide, currently sponsored by Rstudio
Algeria	
https://cran.usthb.dz/	University of Science and Technology Houari Boumediene
Argentina	
http://mirror.fcaglp.unlp.edu.ar/CRAN/	Universidad Nacional de La Plata
Australia	
https://cran.csiro.au/	CSIRO
https://mirror.aarnet.edu.au/pub/CRAN/	AARNET

이어서 자신의 PC에 적합한 OS를 선택하는데 여기서는 Windows를 예시로 한다.

The Comprehensive R Archive Network

Download and Install R

Precompiled binary distributions of the base system and contributed packages, **Windows and Mac** users most likely want one of these versions of R:

- Download R for Linux (Debian, Fedora/Redhat, Ubuntu)
- Download R for macOS
- Download R for Windows

R is part of many Linux distributions, you should check with your Linux package management system in addition to the link above.

그런 다음 "install R for the first time"을 클릭하면 다운로드할 R 버전으로 연결되며, 여기서 "Download R- …"을 클릭하면 다운로드가 된다. PC에서 다운로드된 프로그램 파일을 확인할 수 있다.

```
                              R for Windows

Subdirectories:

base            Binaries for base distribution. This is what you want to install R for the first time.
contrib         Binaries of contributed CRAN packages (for R >= 3.4.x).
old contrib     Binaries of contributed CRAN packages for outdated versions of R (for R < 3.4.x).
Rtools          Tools to build R and R packages. This is what you want to build your own packages on
                Windows, or to build R itself.

Please do not submit binaries to CRAN. Package developers might want to contact Uwe Ligges directly in cas
/ suggestions related to Windows binaries.
```

```
                          R-4.3.2 for Windows

Download R-4.3.2 for Windows (79 megabytes, 64 bit)
README on the Windows binary distribution
New features in this version

This build requires UCRT, which is part of Windows since Windows 10 and Windows Server 2016. On older systems,
has to be installed manually from here.
```

이제 다운로드된 R-4.3.2-win 파일을 더블클릭하면 다음과 같이 설치가 시작된다.

이름	수정한 날짜	유형
∨ 오늘 (1)		
R-4.3.2-win	2024-01-02 오전 …	응용 프로그램
∨ 어제 (2)		
biomedinformatics-03-00009	2024-01-01 오후 …	Adobe Acrobat …
s41433-022-01943-5	2024-01-01 오후 …	Adobe Acrobat …

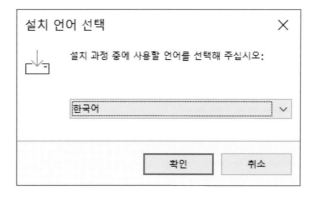

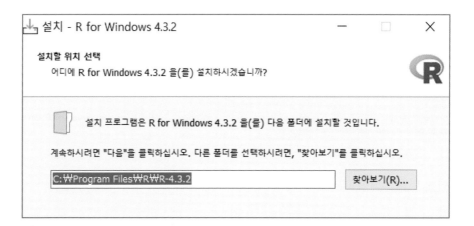

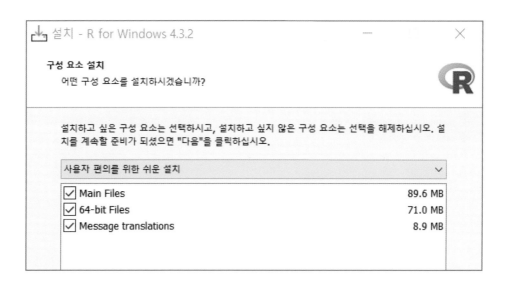

이제 R 프로그램을 실행하면 다음과 같이 초기 화면이 제시되면서 R 프로그램이 성공적으로 설치되었음을 확인할 수 있다.

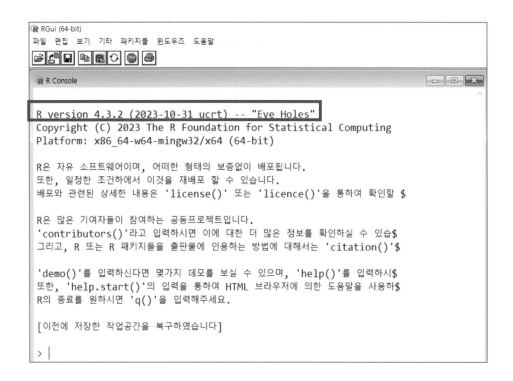

이제 패키지를 설치해 보자. R 프로그램은 base 프로그램과 패키지로 구성되어 있기 때문에 구체적인 분석에 필요한 패키지를 설치해야만 분석이 가능하다. 여기서는 구조방정식 패키지인 'lavaan' 패키지를 설치하고 불러오자.

패키지를 설치하는 명령어는 install.packages("lavaan")이며, 패키지를 불러올 때는 'library(lavaan)'이다. 패키지가 성공적으로 설치되면 에러 메시지가 없고 패키지의 버전(예, lavaan 0.6-17)이 제시된다.

```
R R Console

R version 4.3.2 (2023-10-31 ucrt) -- "Eye Holes"
Copyright (C) 2023 The R Foundation for Statistical Computing
Platform: x86_64-w64-mingw32/x64 (64-bit)

R은 자유 소프트웨어이며, 어떠한 형태의 보증없이 배포됩니다.
또한, 일정한 조건하에서 이것을 재배포 할 수 있습니다.
배포와 관련된 상세한 내용은 'license()' 또는 'licence()'을 통하여 확인할 $

R은 많은 기여자들이 참여하는 공동프로젝트입니다.
'contributors()'라고 입력하시면 이에 대한 더 많은 정보를 확인하실 수 있습$
그리고, R 또는 R 패키지들을 출판물에 인용하는 방법에 대해서는 'citation()'$

'demo()'를 입력하신다면 몇가지 데모를 보실 수 있으며, 'help()'를 입력하시$
또한, 'help.start()'의 입력을 통하여 HTML 브라우저에 의한 도움말을 사용하$
R의 종료를 원하시면 'q()'을 입력해주세요.

[이전에 저장한 작업공간을 복구하였습니다]

> install.packages("lavaan")
```

```
R은 자유 소프트웨어이며, 어떠한 형태의 보증없이 배포됩니다.
또한, 일정한 조건하에서 이것을 재배포 할 수 있습니다.
배포와 관련된 상세한 내용은 'license()' 또는 'licence()'을 통하여 확인할 $

R은 많은 기여자들이 참여하는 공동프로젝트입니다.
'contributors()'라고 입력하시면 이에 대한 더 많은 정보를 확인하실 수 있습$
그리고, R 또는 R 패키지들을 출판물에 인용하는 방법에 대해서는 'citation()'$

'demo()'를 입력하신다면 몇가지 데모를 보실 수 있으며, 'help()'를 입력하시$
또한, 'help.start()'의 입력을 통하여 HTML 브라우저에 의한 도움말을 사용하$
R의 종료를 원하시면 'q()'을 입력해주세요.

[이전에 저장한 작업공간을 복구하였습니다]

> library(lavaan)
This is lavaan 0.6-17
lavaan is FREE software! Please report any bugs.
```

2. jamovi 설치하기

  먼저, jamovi 사이트 https://www.jamovi.org에 접속한 후 jamovi Desktop을 클릭한다. 이어서 자신의 PC에 적절한 OS를 선택하여 프로그램을 다운로드하는데, 보통은 solid 버전과 current 버전 두 가지가 제시되어 있다. 일반적으로 베타 버전 성격의 current 버전보다는 안정적인 solid 버전을 다운로드하는 경우가 많다.

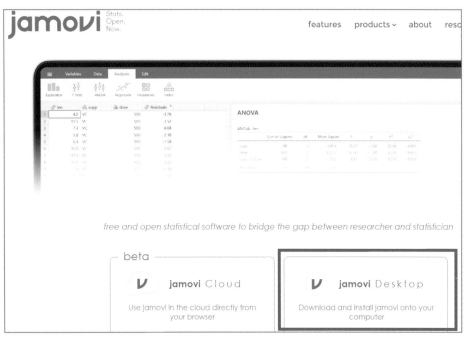

이제 PC에 다운로드된 jamovi 파일을 더블클릭하여 설치한다. 여기서는 버전 2-4-6이 예시로 제시되었다.

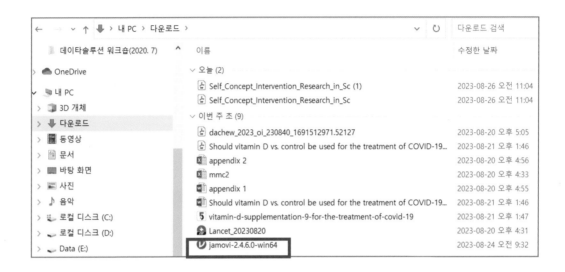

프로그램이 성공적으로 설치되어 실행하면 다음과 같이 초기 화면이 나타나며, 여기에 jamovi 버전이 제시된다.

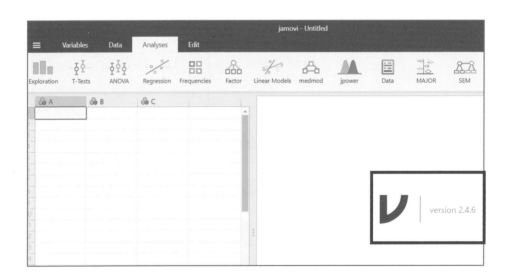

jamovi에서는 기본 프로그램 이외에 필요한 분석 프로그램, 즉 모듈(modules)이 추가로 설치될 수 있는데, 이는 마치 R 프로그램의 패키지와 같은 기능을 한다. 먼저, 다음과 같이 Module 버튼을 클릭한 후 jamovi library를 클릭한다.

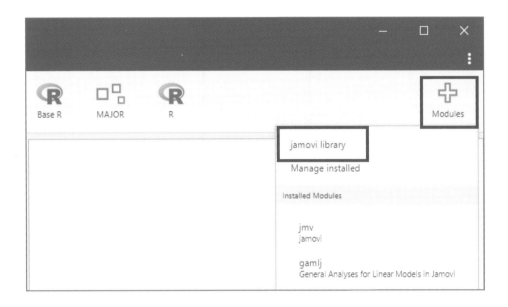

그러면 다양한 모듈이 나타나는데, 이 중에 다음과 같이 SEM 모듈을 설치한다. 설치가 끝나면 메뉴 창에 SEM이 나타나며, 이를 클릭하면 구체적인 분석기능(메뉴)이 나타난다.

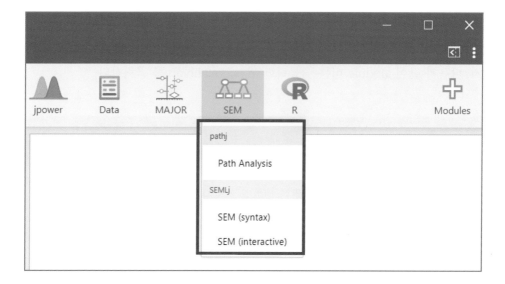

3. JASP 설치하기

먼저, JASP 웹사이트 https://jasp–stats.org에 접속한 후 다음과 같이 DOWNLOAD 를 클릭한 다음 자신의 PC에 적합한 OS를 선택한다. 여기서는 Windows를 기준으 로 하였다.

다운로드 된 파일을 확인한 후 더블클릭하여 실행하면 다음과 같이 초기 화면이 나타난다.

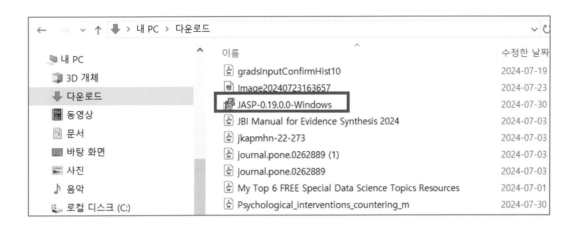

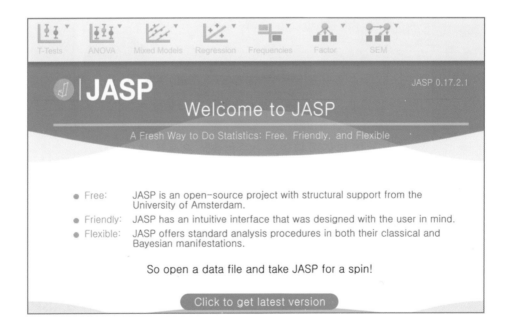

JASP에서도 jamovi와 마찬가지로 추가로 모듈을 설치할 수 있는데 다음과 같이 오른쪽 '+' 버튼을 클릭한 후 필요한 모듈, 여기서는 SEM을 체크하면 구조방정식 (SEM) 모듈 버튼이 메뉴에 나타난다.

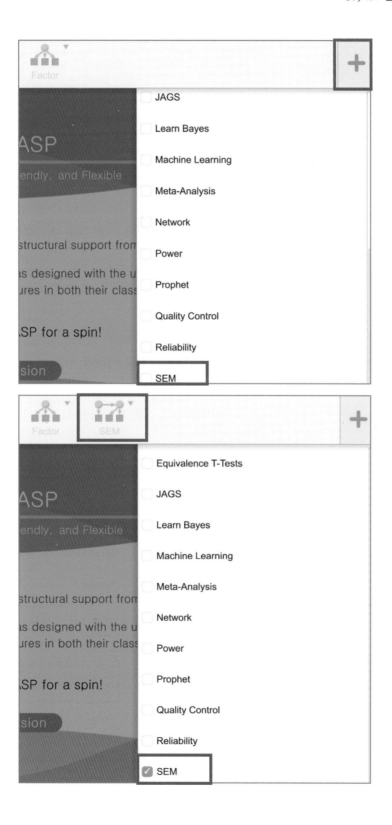

JASP에서 데이터를 불러올 때는 다음과 같이 왼쪽 상단 버튼을 클릭한 후 Open > Computer > 해당 폴더(E:/JASP)를 선택한 후 필요한 데이터를 불러온다. 한편 JASP 데이터 라이브러리(Data Library)에 있는 데이터를 사용할 수도 있는데, 이 경우 필요한 모듈(예, 14. SEM)을 선택하여 적절한 데이터를 불러온다.

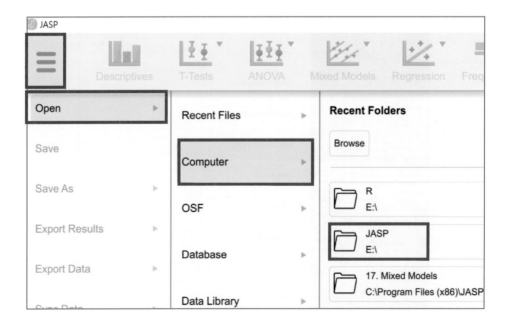

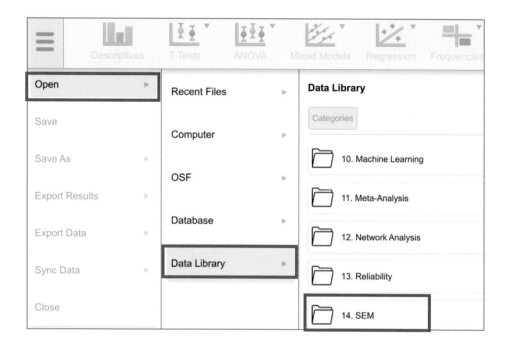

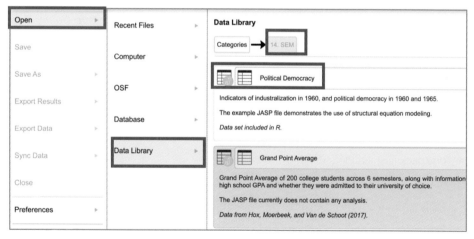

참고문헌

박완주, 황성동(2013). 교사의 주의력결핍과잉행동장애에 대한 지식정도와 공감수준이 교육적 중재에 미치는 영향: 공감의 매개효과를 중심으로. 정신간호학회지, 22(1), 45-55.

설현수(2019). jamovi 통계프로그램의 이해와 활용. 서울: 학지사.

성태제(2019). 알기 쉬운 통계분석(3판). 서울: 학지사.

홍세희(2011). 구조방정식모형: 중급. S&M 리서치 그룹.

홍세희(2007). 구조방정식모형의 이론과 응용. 연세대학교 사회복지학과.

홍세희(2000). 구조방정식모형의 적합도 지수 선정기준과 그 근거. 한국 심리학회지: 임상, 19, 161-177.

황성동(2023). 누구나 할 수 있는 jamovi 통계분석(2판). 서울: 학지사.

황성동(2021). 쉽게 하는 R 통계분석. 서울: 학지사.

Beaujean, A. A. (2014). *Latent Variable Modeling Using R: A Step-by-Step Guide*. New York: Routledge.

Bollen, K. A. (1989). *Structural Equations with Latent Variables*. John Wiley & Sons.

Browne, M. W., & Cudeck, R. (1992). Alternative ways of assessing model fit. *Sociological Methods and Research, 21*, 230-258.

Epskamp, S. (2017). Package: semPlot. R pakage version 1.1. http://CRAN.R-project.org/package=semPlot, March 27, 2017.

Epskamp S., Stuber S., Nak J., Veenman M., & Jorgensen T. D. (2019). semPlot: Path Diagrams and Visual Analysis of Various SEM Packages' Output. [R Package]. Retrieved from https://CRAN.R-project.org/package=semPlot.

Fabrigar, L. R., Wegener, D. T., MacCallum, R. C., & Strahan, E. J. (1999). Evaluating the use of exploratory factor analysis in psychological research. *Psychological Methods, 4*(3), 272-299.

Finch, W. H., & French, B. F. (2015). *Latent Variable Modeling with R*. New York: Routledge.

Gallucci, M. (2021). *PATHj: jamovi Path Analysis*. [jamovi module]. For help please visit https://pathj.github.io/.

Gallucci, M., Jentschke, S. (2021). *SEMLj: jamovi SEM Analysis*. [jamovi module]. For help please visit https://semlj.github.io/.

Hodge, R. W., & Treimann, D. J. (1968). Social participation and social status. *American Sociological Review*, 722−740.

Hox, J., Moerbeek, M., & Van de Shoot, R. (2017). *Multilevel analysis: Techniques and applications* (3rd ed.) Routledge.

jamovi project (2024). jamovi (Version 2.4) [Computer Software]. Retrieved from https://www.jamovi.org.

JASP Team (2024). JASP (Version 0.19.0)[Computer software].

Kabacoff, R. I. (2015). *R in Action* (2nd ed.). Shelter Island, NY: Manning Publications.

Muthen, L. K., & Muthen, B. O. (2017). *Mplus User's Guide*. Eighth Edition. Los Angeles, CA: Muthen & Muthen.

R Core Team (2023). R: A Language and environment for statistical computing. (Version 4.3) [Computer software]. Retrieved from https://cran.r−project.org. (R packages retrieved from MRAN snapshot 2023−01−01).

Rosseel, Y., et al. (2023a). *Package 'lavaan'*. R pakage version 0.6−15. http://CRAN.R−project.org/package=lavaan, March 14, 2023.

Rosseel, Y. (2023b). *The lavaan tutorial*. Department of Data Analysis, Ghent University, Belgium, January 9, 2023.

Rosseel, Y., (2014). Structural equation modeling with lavaan. Presented at Summer School −sing R for personality research at Bertinoro, Italy.

Rosseel, Y. (2012). lavaan: An R Package for Structural Equation Modeling. *Journal of Statistical Software, 48*(2), 1−36. http://www.jstatsoft.org/v48/i02/.

Schumacker, R. E., & Lomax, R. G. (2016). *A beginner's guide to structural equation modeling* (4th ed.). Routledge.

van Kesteren, Erik−Jan, Heo, Ihnwhi, & Koch, Michael (2022). Latent Growth Curve Modeling (LGCM) in JASP. JASP blog, https://jasp-stats.org/2022/02/22/latent-growth-curve-modeling-lgcm-in-jasp/

van Kesteren, Erik−Jan, Heo, Ihnwhi, & Koch, Michael (2022). Multiple Indicators Multiple Causes (MIMIC) Model in JASP. JASP blog, https://jasp-stats.org/2022/02/01/multiple-indicators-multiple-causes-mimic-model-in-jasp/

Wheaton, B., Muthén, B., Alwin, D., & Summers, G. (1977). Assessing reliability and stability in panel models. In D. R. Heise (Ed.), *Sociological Methodology* (pp. 84−136). San Francisco: Jossey−Bass.

찾아보기

A

ADHD.csv 107, 151

AIC 22, 106

AIC 및 BIC 58

alpha 147

AMOS 19

ANOVA 비교 분석 46

AVE 79, 105

B

beta 147

BIC 22, 106

Bootstrap 방식 149, 150, 151, 157

C

cfa 29

CFI 21, 31, 76

χ^2 31, 76

χ^2 검정 20

χ^2값 58

CRAN Mirror 184

D

direct 147

DWLS 81, 82

E

Endogenous models 89

Endogenous Variables 62

Endogenous 변수 63

EPC 98

Exogenous Covariates 62

Exogenous 변수 63

H

HolzingerSwineford1939 28, 71

HS1939.csv 71, 72, 129

HTMT 105

I

Indicators 160

intercepts 119

J

jamovi 79, 135, 190

jamovi library 192

JASP 127, 135, 194

L

LatentGrowth 167

lavaan 27

lavaan 패키지 86, 188

lavaan syntax 29

loadings 119

M

Mardia's coefficients 81

measurement error 12

mfchildren 61

MIMIC모형 159, 160

ML 82

Model plot 161

Modification indices 98

O

O-Cloud 184

P

PoliticalDemocracy 35, 86, 137, 146

Predictors 160

R

R 135

R syntax 139

R 설치하기 184

R 코드 131

R 패키지 27

R 프로그램 27

residuals 119

RMSEA 21, 31, 76

R^2 65

R-squared 165, 173

S

SEM 192, 195

sem 27

SEM 모듈 71, 128

sem( ) 36

semPlot 27

semPlot 패키지 32

Social Participation 159

SRMR 21, 31, 76

Standard 방식 149, 150, 157

Structural Equation Modeling 130

T

tilde 27

TLI 21, 31, 76

W

Wheaton 48

ㄱ

간명성 21

간접효과 50, 55, 63, 122, 146, 148, 156

결과 옵션 132

경로계수 75

경로모형 66

경로분석 9, 61

경로분석모형 68

경쟁모형 22

계수 144

공분산 16, 27, 30, 43, 66, 77, 102, 144, 173

공분산 매트릭스 데이터 48

공통요인 15

관찰변수 18

구조모형 16

구조방정식모형 9, 35, 86, 137

기울기 요인 176, 180

◆ ㄴ

내생변수 15
내적 일관성 신뢰도 79
노드 66

◆ ㄷ

다변량 정규분포 16
다이어그램 75, 103
다집단 변수 116
다집단 분석 67, 68, 116
다집단 분석 요인 67
대칭가중최소제곱법 81
데이터 라이브러리 197
독립모형 19
독립변수 47, 65

◆ ㅁ

매개변수 13, 47
매개효과 63, 66, 68, 146
매개효과모형 47, 107, 146
모듈 192
모형 설정 17
모형 수정 41
모형 옵션 74, 132
모형 적합도 174
모형 추정 17
모형 평가 17
모형 플롯 141, 176, 177
모형의 적합성 64
모형적합도 31, 39, 43, 46, 50, 55, 92, 101, 111, 133, 141, 154
모형평가 20
미지수 16, 18, 33

미지수 옵션 74

◆ ㅂ

반복추정 151
변화 167
부분매개 47
부분매개설정모형 52
부분매개효과 50, 148
부분매개효과모형 49, 58
부정모형 19
분산 16, 27, 30, 66, 77, 102, 134, 144, 172
분석모형 19
비표준화된 180

◆ ㅅ

상대적 적합도 지수 22
선형 (성장) 기울기 168
선형 기울기 요인 170, 172
선형 성장 요인 168
선형적 성장 트렌드 172
성장 플롯 176
수렴타당도 79, 105
수정 모형 41, 42, 46, 99, 106
수정지수 22, 41, 98

◆ ㅇ

알파신뢰도 105
연구가설 17
영가설 20
예측변수 159, 178
오차변수 18
오차분산 19, 43, 66, 77, 117

완전매개 47
완전매개모형 54, 57, 58
완전매개효과 54, 113, 156
왜도 81
외생변수 15
요인계수 19, 30, 37, 43, 77, 96, 117, 122, 134, 143
요인분석 9
요인의 평균 172
원 모형 46, 106

ㅈ

자유도 18, 19
자유미지수 18
잔차 21
잔차 상관 99, 100
잔차분산 68, 102, 134
잔차의 상관관계 45
잠재 독립변수 108
잠재 종속변수 108
잠재변수 11, 15, 18, 27, 28, 30, 37, 73, 76, 77, 88, 92
잠재변수모형 9
잠재성장모형 167, 168
적합도 133
적합도 지수 14, 58, 162
적합도 지수 검정 20
전체효과 146, 148
정규성 검정 81
종속변수 47, 65
지표변수 159
지표변수의 계수 164
직접효과 50, 54, 55, 156

ㅊ

첨도 81
초기값 167, 179
초기값 요인 170, 172
총효과 50, 55
최대우도법 16, 74, 76, 81, 90, 91
추정 옵션 132
측정모형 16, 91, 110
측정변수 11, 15, 18, 27, 30, 35, 37, 73, 74, 88
측정변수의 계수 164
측정변수의 절편 117
측정오차 11, 12, 15, 18

ㅋ

카이스퀘어검정 174

ㅍ

판별타당도 80, 105
패키지 188
평균 90
포화모형 19
표본크기 20
표준오차 150
표준오차 추정 63, 149
표준화된 계수 97
표준화된 회귀계수 164

ㅎ

확인적 요인분석 28, 71, 129
회귀계수 19, 37, 43, 96, 143
회귀모형 110, 146
회귀분석 9, 27, 92

저자 소개

황성동(Hwang, Sung-Dong / sungdong@knu.ac.kr)

부산대학교 사회복지학과(학사)
미국 West Virginia University(석사)
미국 University of California, Berkeley(박사)
행정고시, 입법고시, 사회복지사(1급) 출제위원 역임
건국대학교 교수, LG 연암재단 해외 연구교수, UC DATA 연구원 역임
현 경북대학교 사회복지학부 교수 및 사회과학연구원 데이터분석센터장

〈주요 저서 및 논문〉
『알기 쉬운 사회복지조사방법론』(2판, 학지사, 2015)
『R을 이용한 메타분석』(2판, 학지사, 2020)
『쉽게 하는 R 통계분석』(학지사, 2021)
『누구나 할 수 있는 jamovi 통계분석』(2판, 학지사, 2023)
「Licensure of Sheltered-Care Facilities: Does It Assure Quality?」
    (공동, Social Work, 1994)
「한국 학령기 ADHD 아동을 위한 인지행동중재의 효과 연구: 메타분석」(공동,
    대한간호학회지, 2015)

알기 쉬운 구조방정식모형
- R, jamovi, JASP 프로그램
Easy Structural Equation Modeling with R, jamovi, JASP

2025년 1월 10일 1판 1쇄 인쇄
2025년 1월 20일 1판 1쇄 발행

지은이 • 황성동
펴낸이 • 김진환
펴낸곳 • ㈜ 학지사

04031 서울특별시 마포구 양화로 15길 20 마인드월드빌딩
대 표 전 화 • 02)330-5114   팩스 • 02)324-2345
등 록 번 호 • 제313-2006-000265호

홈 페 이 지 • http://www.hakjisa.co.kr
인스타그램 • https://www.instagram.com/hakjisabook

ISBN 978-89-997-3296-6   93330

정가 18,000원

출판미디어기업 학지사

간호보건의학출판 학지사메디컬 www.hakjisamd.co.kr
심리검사연구소 인싸이트 www.inpsyt.co.kr
학술논문서비스 뉴논문 www.newnonmun.com
교육연수원 카운피아 www.counpia.com
대학교재전자책플랫폼 캠퍼스북 www.campusbook.co.kr